COOLE KINDER KOCHEN

INHALT

Infos für Kinder

Kochen gehört zu den Dingen, die Spaß machen und sehr nützlich sind. Auch wenn du Wissenschaftler, Fußballspieler oder Tänzerin werden willst, eins steht fest: Du musst essen. Und wenn du selbst kochen kannst, ist das umso besser.

Essen ist sehr wichtig. Es geht nicht nur darum, sich einen Happen in den Mund zu stecken, wenn du Appetit hast, oder sich nach einer Mahlzeit satt zu fühlen. Es geht vielmehr darum, seinen Körper mit der richtigen Nahrung zu versorgen, damit er gut läuft wie ein vollgetanktes Auto. Wenn du jung bist, muss dein Körper so viele Aufgaben erledigen: lernen, wachsen und möglichst noch den Ansprüchen der Erwachsenen gerecht werden. Wahrscheinlich kennst du das Sprichwort „Du bist, was du isst." Da ist was Wahres dran! Wenn du viel Junk Food und Süßes zu dir nimmst, unterstützt dich das nicht unbedingt darin, die vielen Aufgaben im Leben zu bewältigen. Keine Sorge, dies hier ist kein Diät-Buch! Hier findest du nicht lauter Vorschriften, die du befolgen sollst, sondern lediglich viele Informationen zu gesundem Essen.

Wenn du beim Kochen ein wenig experimentierst, wirst du viele unterschiedliche Zutaten kennenlernen. Das ist gut so, denn je abwechslungsreicher unser Essen ist, desto besser. Jedes Stück Obst und Gemüse, jeder Fisch oder was immer du auf deinen Teller legst, enthält lebensnotwendige Energie (in Form von Kalorien) und Nährstoffe. Probiere immer wieder neue Zutaten und Gerichte und ISS, DAMIT ES DIR GUT GEHT UND NICHT NUR, UM ZU ÜBERLEBEN.

Das Tolle am Kochen ist, dass du unterschiedlichste Gerichte kreieren kannst, sobald du nur eine Grundtechnik beherrschst. Deshalb gibt es in diesem Buch viele Grundrezepte mit mehreren Varianten dazu. Garantiert ist auch eine für dich dabei. Wenn nicht, dann erfinde einfach eine! Hackfleischbällchen schmecken zum Beispiel mit Spaghetti auf italienische Art, mit Couscous auf marokkanische oder mit einer scharfen Sauce auf vietnamesische Art. Bestimmt hast du noch viel mehr Ideen!

Kochen macht Spaß! Und die Erwachsenen freuen sich, wenn sie mal einen Tag frei haben. Das ist der Moment für deinen großen Auftritt! Stell dir vor, du lädst deine Freunde zu einem selbst gekochten Essen ein: Mit ein wenig Übung ist das kein Problem. Denke daran, einem Erwachsenen Bescheid zu geben, wenn du kochen möchtest, und hinterlasse die Küche nicht wie ein Schlachtfeld, sonst darfst du das nächste mal vielleicht nicht mehr allein in die Küche.

Vielleicht brauchst du anfangs bei einigen Rezepten noch ein wenig Unterstützung von einem Erwachsenen. Doch bald wirst du schon allein kochen, was das Zeug hält! Lies zuerst die Seiten 8 bis 13 durch, damit du gut gewappnet bist.

In diesem Buch findest du Rezepte für Gerichte, die du vielleicht dein ganzes Leben lang immer wieder gerne zubereiten wirst. Worauf wartest du noch?

Los geht's mit dem KOCHEN

Ein paar Worte an die Erwachsenen

Coole Kinder kochen richtet sich an Kinder zwischen etwa 7 und 13 Jahren. Es spricht aber nichts dagegen, die Rezepte auch mit jüngeren Kindern zu kochen oder sie als Anregung für sich selbst zu verwenden.

Beim Kochen lernen Kinder nicht nur das Kochen an sich, sie lernen auch (gute) Lebensmittel zu schätzen. Diese Wertschätzung ist ein wichtiger Baustein für ein gesundes Leben. Das Verständnis dafür, woher unser Essen kommt und worin der Unterschied zwischen verarbeiteten Lebensmitteln und selbst zubereiteten Gerichten besteht, bildet die Grundlage für ein gesundes Essverhalten. Außerdem macht es Spaß, mit einem Kind gemeinsam Zeit in der Küche zu verbringen.

Kinder essen oft ungern etwas, das sie nicht kennen. Das ist normal, schließlich sind wir darauf programmiert, skeptisch zu sein. Die Kinder unserer Vorfahren, die Jäger und Sammler, durften auf keinen Fall jede Beere in den Mund stecken, die sie fanden. Das war eine Überlebensfrage. Zum Glück haben sich die Zeiten geändert – unsere Neugier und eine entspanntere Einstellung dem Essen gegenüber haben an Oberhand gewonnen. Es liegt in unserem Interesse, abwechslungsreich zu essen. Immer wieder treffe ich Kinder, die ihre Abneigung gegenüber bestimmten Lebensmitteln verlieren, wenn sie sie selbst zubereiten. Eine ungeliebte Zutat unter eine beliebte Mischung zu mogeln, ist übrigens eine gute Möglichkeit, für bislang Abgelehntes Akzeptanz zu gewinnen. Mischen Sie beispielsweise Zucchini in eine Gemüsepfanne oder Rote Bete in die allseits beliebten Schokoladenmuffins.

Zu den meisten Rezepten in diesem Buch gibt es eine einfache Grundversion, wodurch die Kinder die entsprechende Kochtechnik kennenlernen. Sobald sie das Gericht allein schaffen, stärkt das nicht nur ihr Selbstbewusstsein, sondern motiviert sie auch, Varianten zu dem Rezept auszuprobieren.

Der Schwerpunkt dieses Buches liegt auf geschmackvollen Gerichten, die Kinder und ihre Familien gemeinsam genießen können. Insgesamt finden Sie hier eine ausgewogene Mischung an Rezepten, bei denen keine Wünsche offen bleiben.

Kinder brauchen unterschiedlich viel Hilfe und Aufsicht beim Kochen, je nachdem wie alt und wie kocherfahren sie sind (ich habe Neunjährige kennengelernt, die viele Erwachsene in den Schatten stellen) und was sie genau kochen wollen. Ich habe die Rezepte nicht mit Schwierigkeitsgraden versehen, weil nur Sie beurteilen können, wie viel Hilfe Ihr kleiner Koch benötigt. Anfangs können Sie mit Ihrem Kind zusammen kochen, versuchen Sie aber, ihm die Führung zu überlassen. Erlauben Sie ihm zu experimentieren, Varianten auszuprobieren, das Essen zu kosten und abzuschmecken.

Gehen Sie mit Ihren Kindern gemeinsam einkaufen und lassen Sie sie beim Kochen mithelfen. So werden sie nicht nur experimentierfreudiger, sondern lernen auch, Essen zu schätzen und zu genießen.

Sicher ist sicher

Lesen Sie das Rezept gemeinsam mit Ihrem Kind durch und besprechen Sie, wo es Hilfe braucht. Messer und Elektrizität sind Gefahrenquellen. Auf den Seiten 8 bis 13 erfahren Sie, wie Sie ein sicheres Arbeitsumfeld in der Küche schaffen können. Bleiben Sie am besten in der Nähe, wenn Ihre Kinder kochen.

JETZT GEHT'S LOS: SICHERHEIT ZUERST

Es gibt ein paar Dinge, die du beachten solltest, wenn du in der Küche arbeitest. Aber daran wirst du dich schnell gewöhnen.

SAGE IMMER EINEM ERWACHSENEN BESCHEID, WENN DU KOCHEN WILLST.

Kochen macht viel Spaß, aber sei vorsichtig beim Umgang mit Messer und heißem Backofen! Lies das Rezept erst aufmerksam durch, bevor du anfängst. Je nach Alter und Erfahrung kannst du mit dem Erwachsenen besprechen, wie viel Hilfe du beispielsweise beim Einsatz von elektrischen Geräten benötigst.

Wenn du dieses Symbol in einem Rezept siehst:

bedeutet das: Bitte einen Erwachsenen um Hilfe.

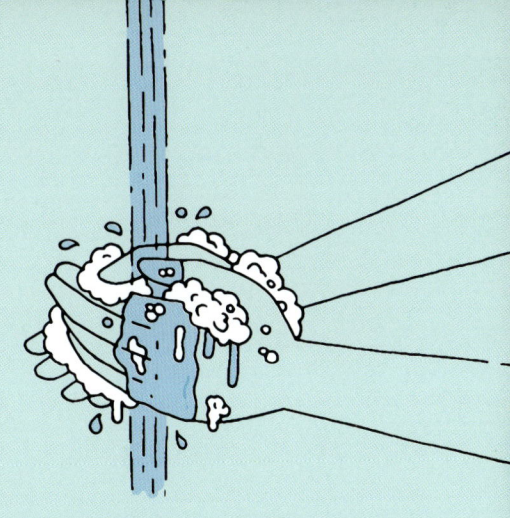

ACHTE AUF ORDNUNG UND SAUBERKEIT

- WASCHE DEINE HÄNDE, BEVOR DU AN-FÄNGST. Bakterien können Zutaten verunreinigen und dich krank machen.

- BINDE LANGE HAARE ZURÜCK. Sie könnten stören oder sogar im Essen landen.

- TRAGE BEIM KOCHEN EINE SCHÜRZE. So bleibt deine Kleidung sauber und du wirst vor Spritzern geschützt.

- RÄUME DIE ARBEITSFLÄCHE AUF, damit dich beim Kochen nichts ablenkt.

- STELLE ALLES BEREIT, was du für das Rezept brauchst: alle Geräte und Zutaten. Es gibt nichts Schlimmeres, als während des Kochens festzustellen, dass etwas fehlt.

- WASCHE ZWISCHENDURCH IMMER WIEDER UTENSILIEN UND HÄNDE AB. Vor allem, wenn du rohes Fleisch und Fisch vorbereitet hast.

- STELLE EINE SCHALE FÜR ABFALL IN REICH-WEITE BEREIT. Das ist unglaublich praktisch beim Vorbereiten der Zutaten. Entleere die Schale in den Mülleimer, wenn du fertig bist.

- WISCHE VERSCHÜTTETES VOM BODEN AUF, damit die Küche keine Schlittschuhbahn wird.

- Denke daran nach dem Kochen, alles wieder AUFZURÄUMEN UND GUT ZU REINIGEN.

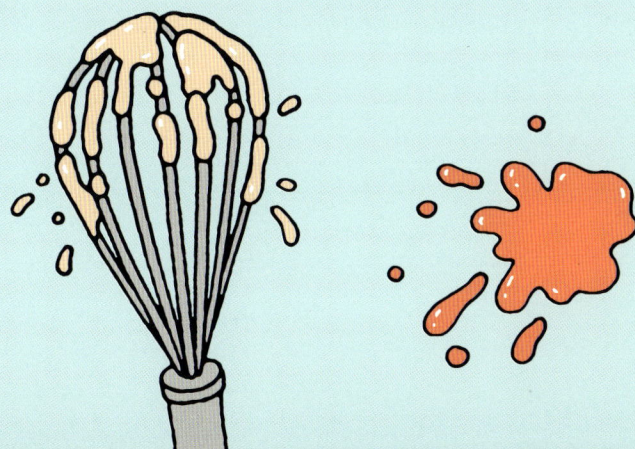

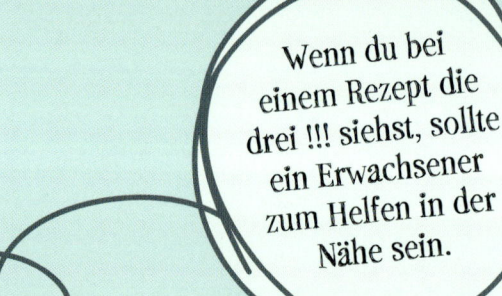

Wenn du bei einem Rezept die drei !!! siehst, sollte ein Erwachsener zum Helfen in der Nähe sein.

VORSICHT HEISS

- VERWENDE OFENHANDSCHUHE, wenn du etwas in den heißen Ofen stellst oder herausnimmst. Handtücher können in der Backofentür festklemmen oder ins Essen geraten.

- DAMPF IST SEHR HEISS. Sei daher vorsichtig beim Öffnen des heißen Backofens oder eines Topfes beim Kochen. Verwende Ofenhandschuhe.

- HALTE TOPF BZW. PFANNE BEIM UMRÜHREN AM GRIFF FEST. So kann nichts umkippen.

- BENUTZE EINEN KOCHLÖFFEL ZUM UMRÜHREN. Metalllöffel werden sehr heiß.

- STELLE TÖPFE UND PFANNEN NICHT MIT DEN GRIFFEN NACH VORN AUF DEN HERD. So kann niemand dagegen stoßen.

- BITTE UM HILFE, wenn du schwere heiße Pfannen, Töpfe oder Schüsseln heben musst.

- SCHAFFE PLATZ FÜR HEISSE AUFLAUF- UND BACKFORMEN, wenn du sie aus dem Ofen nimmst. Lege eine feuerfeste Unterlage auf die Arbeitsfläche, damit diese nicht beschädigt wird.

FÜR DEINE SICHERHEIT

- BITTE EINEN ERWACHSENEN UM ERLAUBNIS, BEVOR DU ELEKTRISCHE GERÄTE BENUTZT. Eventuell brauchst du Hilfe.

- TROCKNE DEINE HÄNDE AB, BEVOR DU GERÄTE EINSTECKST ODER AUSSCHALTEST. Feuchte Hände können Stromschläge auslösen.

- FINGER WEG VON SCHNEIDMESSERN ODER QUIRLEN ELEKTRISCHER GERÄTE.

- SCHALTE UND STÖPSELE ELEKTRISCHE GERÄTE AUS, bevor du sie zerlegst und reinigst.

MESSER BENUTZEN

LASS DIR VON EINEM ERWACHSENEN ZEIGEN, WIE MAN MIT EINEM SCHARFEN MESSER SCHNEIDET. MIT EINEM STUMPFEN MESSER KANN MAN LEICHT ABRUTSCHEN UND SICH VERLETZEN.

NIMM EIN MESSER, DAS DU GUT IN DER HAND HALTEN KANNST. FÜR DEN ANFANG GENÜGT EIN SCHÄLMESSER MIT EINER CA. 10 CM LANGEN KLINGE. SOBALD DU ETWAS ÜBUNG MIT DEM SCHNEIDEN HAST, KANNST DU EIN GRÖSSERES MESSER NEHMEN.

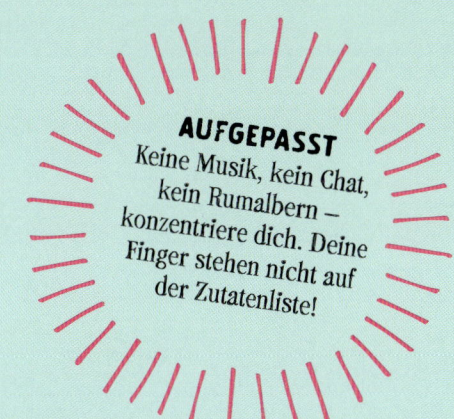

AUFGEPASST
Keine Musik, kein Chat, kein Rumalbern – konzentriere dich. Deine Finger stehen nicht auf der Zutatenliste!

HALTE DAS MESSER SO.

PASS AUF DEINE FINGER AUF

BEVOR DU LOSLEGST

○ SUCHE DIR EINE ARBEITSFLÄCHE IN PASSENDER HÖHE – knapp unter der Taille ist ideal. Der Küchentisch ist vielleicht besser als die Arbeitsplatte.

○ STELLE DICH NICHT AUF EINEN WACKELIGEN HOCKER. Du brauchst einen stabilen Untersatz, wenn die Arbeitsfläche zu hoch ist.

○ ZIEHE FESTE SCHUHE AN (keine Sandalen oder Flipflops), wenn du kochst. Sie schützen deine Füße, falls ein Messer oder heiße Zutaten herunterfallen.

○ SCHNEIDE IMMER AUF EINEM PLANEN, STABILEN BRETT. Damit es beim Schneiden nicht verrutscht, lege feuchtes Küchenpapier oder ein Schwammtuch darunter.

○ TRAGE KEIN MESSER IN DER KÜCHE HERUM. Falls es nötig ist, halte es stets mit der Spitze nach unten an deiner Seite.

○ LEGE NIE EIN MESSER ODER DEN MESSEREINSATZ VON MIXER ODER KÜCHENMASCHINE IN DIE SPÜLE MIT WASSER. Du könntest dich beim Hineingreifen verletzen. Wasche scharfe Utensilien gleich ab und räume sie weg.

DER „TUNNELGRIFF"

Forme die Hand zu einem Tunnel, um rundes Obst und Gemüse zu halbieren. Zum weiteren Zerkleinern (z. B. in Viertel schneiden) die Zutat immer auf die flache Seite legen, damit sie nicht verrutscht.

Halte nun die Zutat auf dem Brett auf der einen Seite mit dem Daumen und auf der anderen mit den Fingern fest. Schneide sie, indem du die Klinge nach unten auf das Brett führst.

DER „KRALLENGRIFF"

Zum Schneiden von Scheiben oder Würfeln die Zutat mit der zu einer Kralle geformten Hand halten. Dabei Finger und Daumen nach innen krümmen, damit sie außerhalb der Gefahrenzone sind.

Übe das mit einer Frühlingszwiebel: Zuerst Wurzel und äußere Blätter entfernen. Zwiebel mit der „Kralle" halten und vom unteren Ende in Ringe schneiden. Die Messerspitze beim Schneiden möglichst immer auf dem Brett auf- und abbewegen. Nun kannst du diese Schnitttechnik mit einem größerem Gemüse probieren, z. B. mit Weißkohl.

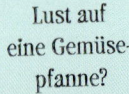

Lust auf eine Gemüsepfanne?

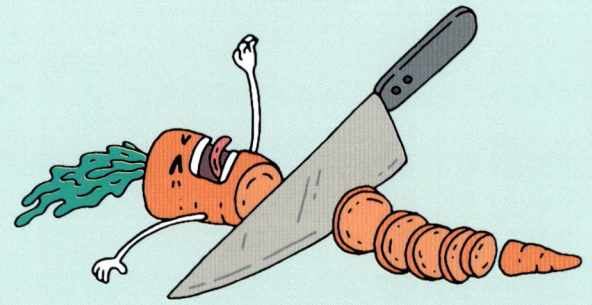

ZUM WÜRFELN EINER ZWIEBEL
BRAUCHST DU DEN „TUNNEL-" UND „KRALLENGRIFF"

TUNNELGRIFF Die Zwiebel halbieren und schälen.

KRALLENGRIFF Zwiebel würfeln.

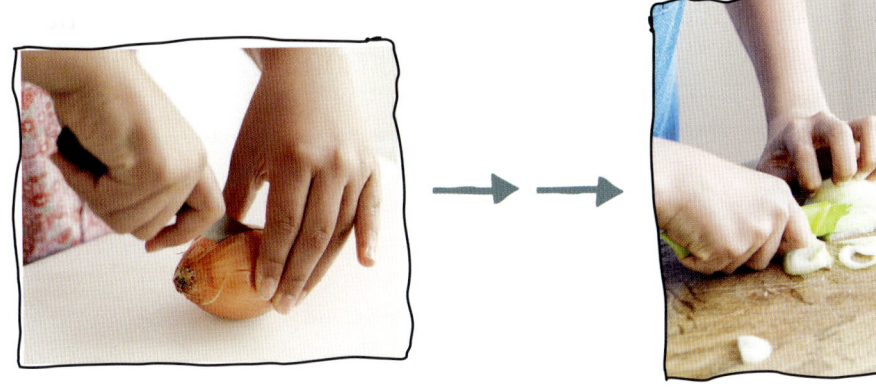

IN WÜRFEL SCHNEIDEN:

TUNNELGRIFF Die Zwiebel bis zum Wurzelansatz vertikal in dünne Scheiben schneiden. Der Wurzelansatz hält die Zwiebel zusammen.

KRALLENGRIFF Nun die Zwiebel quer (horizontal) in dünne Scheiben schneiden, so entstehen winzige Würfel.

Auch **SPARSCHÄLER** und **REIBEN** sind scharf. Arbeite immer auf einem stabilen Brett und achte auf deine Finger und Knöchel.

Richtig einkaufen

Auf Bauern- bzw. Wochenmärkten kannst du frische Zutaten aus regionaler Produktion kaufen. Oft kannst du ein Produkt auch kosten – greife zu, denn das ist eine tolle Gelegenheit, Neues auszuprobieren.

Obst und Gemüse schmecken am besten, wenn sie im Freiland gewachsen ist und frisch geerntet wurden. Kaufe daher der Jahreszeit entsprechend ein, wie zum Beispiel Beeren im Sommer, Wurzelgemüse im Herbst oder Nüsse im Winter.

Wenn du im Urlaub in einem anderen Land bist, solltest du dort unbedingt einen heimischen Markt besuchen. Das ist eine spannende Gelegenheit, exotische Zutaten, neue Gerüche und Aromen kennenzulernen.

Teste das Marktangebot

Versuche doch mal, eine ganze Mahlzeit nur aus Produkten zu kochen, die im Umkreis von ca. 100 km hergestellt wurden. Das kann ein ganz einfacher Sommersalat mit Käse oder ein Hauptgericht mit Nachtisch sein.

Ein Einkauf im Supermarkt macht mehr Spaß, wenn du ihn selbst mit vorbereitest. Was hältst du davon, selbst die Einkaufsliste für ein Rezept aus diesem Buch zu erstellen?

Wähle einfache, natürliche und unverarbeitete Lebensmittel aus. Verarbeitete Lebensmittel enthalten oft zahlreiche Zusatzstoffe mit allen möglichen unaussprechlichen Bezeichnungen, die du auf der Packung lesen kannst. Am besten lässt du solche Produkte im Regal stehen.

Milchprodukte

Milchprodukte enthalten Proteine (notwendig für Wachstum und Heilung), wichtige Mineralstoffe wie Kalzium (für starke Knochen und Zähne) und etliche Vitamine. Sie enthalten jedoch auch ziemlich viel Fett. Iss sie daher in Maßen.

Alle Lebensmittel, die Milch von Säugetieren enthalten, gelten als Milchprodukte. Die meisten enthalten Kuhmilch, aber es gibt auch Produkte aus Ziegen- oder Schafsmilch. Und vergiss den Büffel nicht, aus dessen Milch cremiger Mozzarella hergestellt wird.

EINE MILCHKUH PRODUZIERT TÄGLICH UNGEFÄHR 20 LITER MILCH.

Käse – was ist das genau?

Früher wurde Käse hergestellt, um Milch haltbar zu machen. Die meisten Käsehersteller geben spezielle Bakterien und andere Zusätze zur Milch, damit sie gerinnt; dabei entsteht Molke. Nach dem Absondern der Molke wird die Käsemasse gesalzen und gepresst. Während der Reifezeit sorgen u. a. Bakterien und andere Mikroorganismen dafür, dass der Käse sein Aroma entwickelt.

EIN PAAR WOCHEN ALT
Sehr frischer, junger Käse ist cremig und mild, zum Beispiel Mozzarella.

EIN PAAR MONATE ALT
Älterer Käse wie Cheddar hat einen intensiveren Geschmack. Milder Cheddar hat eine Reifezeit von 3 Monaten, mittlerer von ca. 6 Monaten und kräftiger reift bis zu 1 Jahr.

EIN PAAR JAHRE ALT
Sehr hart und würzig. Am berühmtesten ist Parmesan, der oft 2 Jahre lang gereift ist.

Butter selber machen

Das ist supereinfach. Du brauchst nur etwas Geduld. So geht's: Fülle ein Marmeladenglas zur Hälfte mit Sahne. Verschließe das Glas fest. Stelle dir jetzt fetzige Musik an, nimm das Glas in die Hand und tanze, tanze, tanze.

Schüttele das Glas

... aber nicht zu kräftig. Nach 10 bis 15 Minuten schwimmt feste, gelbe Butter in wässriger Milch im Glas. Gieße die Buttermilch ab (die eignet sich gut zum Brotbacken oder für Pfannkuchen), streiche die Butter auf Brot und entspanne dich – das kannst du jetzt gebrauchen.

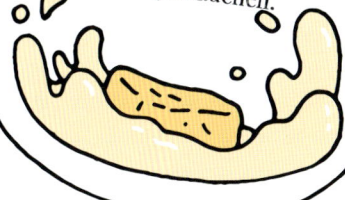

WAS IST PASSIERT?
Durch das Schütteln verkleben die Fetttropfen miteinander, verklumpen zu einer Kugel und trennen sich von der Buttermilch.

15

Geheimwaffe Gewürze

Gewürze sind deine Geheimwaffe. Sie verleihen auch den einfachsten Gerichten einen besonderen Geschmack.

Gewürze werden meist aus Wurzeln, Rinde, Knospen oder Samen einer Pflanze gewonnen, während Kräuter deren Blätter sind. Manche Pflanzenteile werden frisch verwendet, doch die meisten sind getrocknet.

Ingwer

Zimt

Gewürz-nelken

Muskat-nuss

Muskat-blüte

Sternanis

DIE EROBERER BRACHTEN DIE GEWÜRZE ZU UNS

Vor 500 Jahren schickten die Europäer Entdecker in die Welt, um neue Handelsrouten nach Asien zu finden, denn dort wuchsen (und wachsen bis heute) viele Gewürze. Vasco da Gama segelte um die Spitze Afrikas, um nach Indien zu gelangen, während Columbus Richtung Westen reiste und Amerika entdeckte.

GEWÜRZE SIND NICHTS NEUES

Kreuzkümmel und Koriander wurden schon von den alten Ägyptern verwendet. Pfeffer war einst so kostbar, dass man damit nicht nur kochte, sondern auch Mieten und Steuern bezahlte. Er ist immer noch das am meisten gehandelte Gewürz der Welt.

Sogar im Grab des Tutanchamun hat man Pfeffer gefunden.

Gewürz-Basics

Es gibt Dutzende an wunderbaren Gewürzen. Ein paar Grundgewürze und einige gute Gewürzmischungen reichen jedoch vollkommen aus.

Die folgenden Gewürze verwenden wir in diesem Buch.

GERÄUCHERTES PAPRIKAPULVER

wird aus geräucherten, getrockneten Paprikaschoten hergestellt. In Spanien heißt es Pimenton dulce.

RAS EL HANOUT

Gewürzmischung, die den Duft eines marokkanischen Basars in die Küche bringt. Passt super zu Lamm, Huhn und Couscous.

SCHWARZER PFEFFER

schmeckt fruchtig und scharf. Am besten selbst mahlen und nicht als Pulver kaufen. So bewahrt er sein Aroma.

KREUZKÜMMEL

hat ein warmes, nussiges Aroma und passt besonders gut zu mediterranen, mexikanischen und indischen Gerichten.

CURRYPULVER

Gewürzmischung für indische Gerichte. Probiere zuerst eine milde Sorte (manche können sehr scharf sein). Die meisten enthalten Kurkuma, Kreuzkümmel, Koriander, Ingwer und Chili.

INGWER UND ZIMT

sind wärmende, kräftige Gewürze. Sie eignen sich für süße und herzhafte Gerichte gleichermaßen.

CHILI

gibt es als Pulver (Cayennepfeffer), Flocken oder frisch als Schote. Gehe sparsam damit um.

Die Innenwände auf denen die Samen sitzen, enthalten Capsaicin und sind der schärfste Teil der Chilischote.

Capsaicin ist der Stoff, der Chilischoten scharf macht. Diese Substanz kann ein teuflisches Brennen im Mund, an den Augen und auf der Haut verursachen.

Es gibt Hunderte von Chiliarten, scharfe und milde. Prüfe vor dem Würzen, wie scharf eine Schote ist. Zu viel Schärfe kann ein Gericht ungenießbar machen. Test: Schneide die Spitze ab, berühre mit der Fingerspitze das Fruchtfleisch und lecke vorsichtig daran. Ist es scharf und beißend, hast du es mit wahrhaftigem Brennmaterial zu tun. Nimm auf keinen Fall zu viel davon.

Die schärfste Chilischote überhaupt ist die Carolina Reaper. Sie ist 500-mal schärfer als Tabasco (und die ist schon ziemlich scharf).

Zu scharf? Wenn du nach Luft schnappst, nimm einen Schluck Milch oder einen Löffel Joghurt, denn Capsaicin löst sich in Wasser nicht auf.

Geschmack und Aroma

Woran liegt es denn nun, dass Essen gut schmeckt? Die Geschmacksknospen deiner Zunge können die folgenden Geschmacksrichtungen unterscheiden:

süß
sauer
herzhaft (umami)
bitter
salzig

Ein Gericht braucht nicht alle Geschmacksrichtungen, damit es interessant schmeckt. Wenn du Speisen würzt, gleichst du zwischen den Spitzen des Sterns aus. Wenn eine Richtung überwiegt (z. B. Süße), gibst du einfach etwas Salziges oder Saures hinzu und alles ist gut.

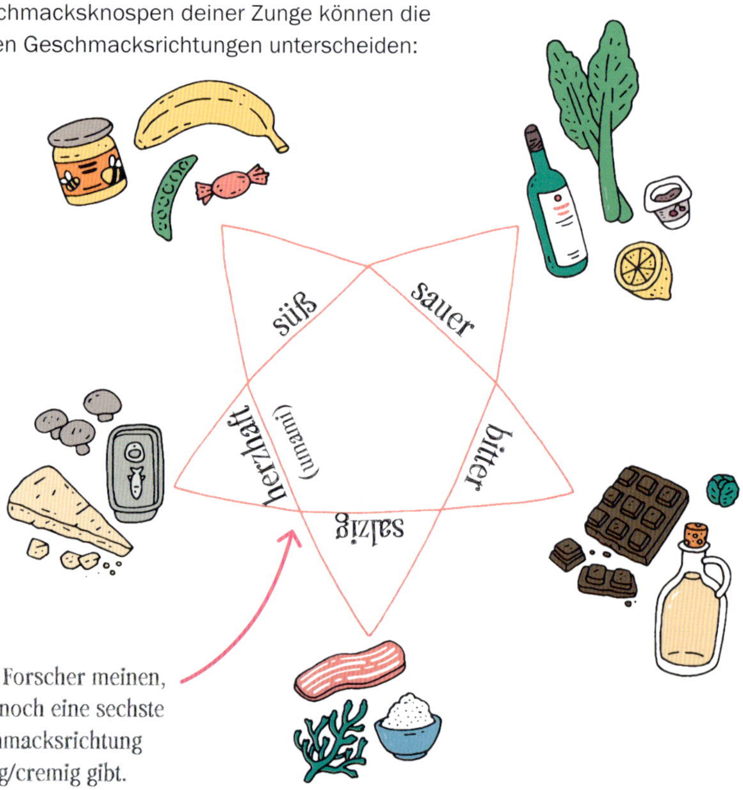

Manche Forscher meinen, dass es noch eine sechste Geschmacksrichtung fettig/cremig gibt.

Essen zu würzen ist ein Balanceakt. Gib daher immer nur wenig Salz, Zucker, Zitronensaft etc. auf einmal hinzu und PROBIERE.

Spiele mit deinen Geschmacksknospen

Iss mehrere Stückchen Tomate, jeweils mit einer anderen Würze.

Ein kleines bisschen ...
Salz (salzig)
Olivenöl (bitter und fett)
Aceto Balsamico (süß und sauer)
Parmesan (salzig und umami)

Nun probiere die Tomate mit allem zusammen – Salz, Öl, Essig und Parmesan. Du hast jetzt ein Dressing! Ist es ausgewogen, wird es den Geschmack der Tomate betonen.

An je mehr Zucker oder Salz wir uns gewöhnen, desto weniger schmecken wir. Schon ganz wenig davon wirkt wie ein Marker, der den Geschmack hervorhebt – viel ist nicht nötig.

Es duftet wunderbar!

Deine Zunge ist nur ein kleiner Teil des Bildes. Freude und Genuss am Essen verschafft dir tatsächlich überwiegend dein Geruchssinn.

Wenn du etwas beim Einatmen riechst, spricht man von orthonasaler Wahrnehmung. Nimmst du beim Essen flüchtige Aromen über den Mund auf, nennt man das retronasale Wahrnehmung.

Mmmmh, das frische Brot riecht gut.

Gehirn

olfaktorische Zellen

Weg der retronasalen Wahrnehmung

oberer Gaumen

Duftmoleküle

Zunge

Weg der orthonasalen Wahrnehmung

schlucken

Wir schmecken mit all unseren Sinnen

SEHEN
Wir „essen mit den Augen". Wahrscheinlich probierst du eher ein Gericht, das appetitlich wirkt, als wenn es wie Hundefutter aussieht.

FÜHLEN
Du magst Speisen oder eben nicht, weil sie glibbrig, cremig oder zäh sind? Am meisten Appetit macht ein Gericht mit verschiedenen Texturen. Wie wäre es mit knusprigen Tortilla-Chips und cremiger Guacamole?

HÖREN
Es klingt verrückt, aber Wissenschaftler meinen, dass dir Essen besser schmeckt, wenn du dabei angenehme Musik hörst. Bei säuselnder Musik und Möwengeschrei stufen Menschen Fisch frischer und köstlicher ein als ohne Geräusche.

Schalte deine Sinne aus und schon wirst du nicht wissen, was du isst. Teste es mit diesem Experiment (übrigens ein guter Vorwand, um Chips zu essen!).

⭐ Fülle zwei Sorten Chips in zwei identische Schalen. Bitte jemanden, die Schalen hin- und herzuschieben.

⭐ Halte dir nun die Nase zu, bis du das Experiment beendet hast.

⭐ Probiere die Chips. Welchen Geschmack haben sie?

⭐ Probiere die Chips noch einmal und öffne die Nase erst, wenn die Chips in deinem Mund sind.

Was ist passiert?
Zuerst konntest du nur den salzigen oder sauren GESCHMACK der Chips wahrnehmen. Als du die Nase losgelassen hast, gelangten die Duftmoleküle durch den Spalt nach hinten über den Mund zu den Geruchsnerven und BINGO das Aroma kam bei dir an.

Wow, das Aroma erschlägt dich fast!

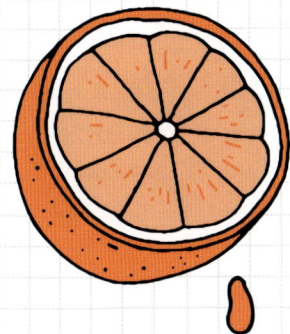

Fit in den Tag

tolle Frühstücks- und Brunchrezepte

Knusper-Müsli

ERGIBT
8 GROSSE
PORTIONEN

Zeit für ein knuspriges Müsli. Dafür brauchst du Nüsse, Samen und Früchte nach deinem Geschmack. Kombiniere jedes mal anders, dann ist das Müsli immer wieder interessant. Das Knusper-Müsli ist mit Milch oder Joghurt ein perfektes Frühstück, schmeckt aber auch super, wenn du es einfach über frisches Obst streust.

Erwachsenen-
hilfe nötig

4 EL Kokosöl
    oder 3 ½ EL Butter

150 g flüssiger Honig,
    Ahornsirup oder
    Agavendicksaft

300 g Haferflocken

150 g Nüsse (nicht geröstet
    oder gesalzen)

100 g Kürbis- oder
    Sonnenblumenkerne

150 g Trockenfrüchte

1   Den Backofen auf 150 °C vor-
    heizen.

2   Öl oder Butter und Honig bzw.
    Sirup in einen großen Topf geben.

    Wiege den Sirup direkt
    im Topf ab: Topf auf die
    Waage stellen, Tara-Taste
    drücken, Sirup reingießen.
    Das spart Abwasch!

3   Den Topf erwärmen, bis Öl bzw.
    Butter geschmolzen ist. Hafer-
    flocken, Nüsse und Kürbis- oder
    Sonnenblumenkerne gründlich
    untermischen.

4   Lege 2 Backbleche mit Backpa-
    pier aus und verteile jeweils die
    Hälfte der Flockenmischung auf
    einem Blech. Die Mischung gut
    auf den Blechen ausbreiten, damit
    sie gleichmäßig röstet.

5   Knusper-Müsli 30 Minuten im
    Ofen rösten. Mischung dabei alle
    10 Minuten wenden, damit sie
    von allen Seiten knusprig wird.
    Wenn sie goldbraun ist, das Blech
    aus dem Ofen nehmen und das
    Müsli abkühlen lassen.

6   Trockenfrüchte untermischen und
    das Müsli in Papiertüten (zum
    Mitnehmen) oder in einer Dose
    bis zu 3 Monate aufbewahren.

Nüsse über Nüsse

Du kannst Pistazien, Para-, Hasel-, Pecan- oder Macadamianüsse nehmen, aber auch Mandeln.

Wenn du eine Nussallergie hast oder keine Nüsse magst, lass sie weg und gib stattdessen ein paar Samen hinzu. Auch diese Mischung schmeckt toll.

Tutti Frutti

Was hältst du von grob gehackten, getrockneten Feigen, Aprikosen, Datteln, Sauerkirschen, Cranberrys oder Rosinen?

Eine Tüte Knusper-Müsli ist prima für einen schnellen Energie-Kick auf langen Wanderungen oder Radtouren – ein echter „Trail Mix".

Variante

2 EL Rosenwasser oder 1/2 TL gemahlene Vanille in die Honig-Butter-Mischung am Anfang des Rezepts (Schritt 2) geben.

Variante

Das Müsli zusätzlich mit 1 kräftigen Prise Zimt- oder Ingwerpulver 5 Minuten vor Ende der Garzeit im Ofen würzen.

Variante

Zum Schluss geröstete Sesamsamen oder Kokos-raspel über das fertige Knusper-Müsli streuen und untermischen.

Rührei

Bereite immer nur 2 Portionen Rührei aus 4 Eiern auf einmal zu, so wird das Rührei garantiert schön gleichmäßig.

4 Eier

Salz und Pfeffer

1 EL Butter

Toastbrot, zum Servieren

1 Schlage die Eier über einer Schüssel oder einem Messbecher auf und verquirle sie mit einer Gabel. Würze sie mit einer Prise Salz und etwas frisch gemahlenem Pfeffer. Toaste jetzt dein Brot, wenn du welches dazu essen möchtest.

2 Gib die Hälfte der Butter in eine kleine beschichtete Pfanne und zerlasse sie bei schwacher Hitze auf dem Herd. Wenn die Butter geschmolzen und schaumig ist, die verquirlten Eier hineingießen.

3 Rühre bei schwacher Hitze die Eier langsam mit einem Kochlöffel um.

4 Wenn etwa drei Viertel der Masse gestockt ist (das dauert nur ein paar Minuten), die Pfanne vom Herd nehmen. Die restliche Eimasse wird danach von allein fest.

5 Rühre die übrige Butter unter das Rührei und gib nun Gewürze oder andere Zutaten hinzu, wenn du magst (siehe S. 26).

6 Serviere das Rührei sofort auf Toastbrot, mit Bagels, Blinis, Sodabrot (siehe S. 122) oder zu Pancakes (siehe S. 30).

1

1

3

Wie soll dein Rührei schmecken?

4

5

Mit einem flachen Löffel oder Pfannenheber kommst du gut in die Ecken.

6

Weitere Vorschläge für Rührei findest du auf der nächsten Seite ➞

Aufgemotzte Rühreier

Super zum Brunch oder für ein einfaches Mittagessen.

1 x Rezept Rührei (siehe S. 24) + einer der folgenden Vorschläge ...

Räucherlachs und Dill

4 Scheiben Räucherlachs

4 Stängel Dill

1 Den Lachs in Streifen schneiden und die Blätter vom Dill zupfen.

2 Wenn du die Pfanne vom Herd genommen hast, Lachs (bis auf wenige Streifen) und Dill mit der Butter unter das Rührei mischen.

3 Das Rührei mit den übrigen Lachsstreifen und etwas Dill garnieren, sofort servieren.

Schinken, Käse und Schnittlauch

2 Scheiben Kochschinken

50 g Hartkäse (Cheddar, Emmentaler oder Gouda)

2 EL Schnittlauchröllchen

1 Schinken in Streifen schneiden und Käse reiben.

2 Wenn du die Pfanne vom Herd genommen hast, Schinken, Käse und Schnittlauch (bis auf einen kleinen Rest) mit der Butter unter das Rührei mischen.

3 Rührei mit dem übrigen Schnittlauch bestreuen und sofort servieren.

Bärlauch und Parmesan

1 Handvoll Bärlauchblätter

2 EL geriebener Parmesan

Falls du im Frühling Bärlauch sammeln oder kaufen kannst, solltest du dieses Rührei ausprobieren.

1 Bärlauchblätter waschen, trocken schütteln, aufeinanderlegen, aufrollen und in sehr feine Streifen schneiden.

2 Wenn du die Pfanne vom Herd genommen hast, Bärlauch und Parmesan mit der Butter unter das Rührei mischen.

Lass einen Erwachsenen prüfen, ob es auch wirklich Bärlauchblätter sind.

Eggzellent!

Ein Ei ist eine eigene Mahlzeit an sich – ob gekocht, pochiert, als Rührei, als Spiegelei oder als Omelett. In vielen Gerichten leistet es außerdem erstaunlich gute Dienste.

Alle Vögel legen Eier. Steht in einem Rezept „Ei", dann ist damit normalerweise ein Hühnerei gemeint. Vor tausenden von Jahren stellten Menschen fest, dass wilde asiatische Hühner Mengen von Eier legten. Seitdem werden sie gezüchtet. Heute gibt es weltweit etwa 5 Milliarden eierlegende Hennen! Aber auch Enten-, Gänse- und Wachteleier schmecken gut.

Eier stecken voller guter Nährstoffe. Kein Wunder, denn sie enthalten alles, was ein Küken für seine Entwicklung braucht.

Was passiert, wenn du mit einem verdorbenen Ei Tischtennis spielst?

Es macht nicht Pingpong – es stinkt!

Eiklar besteht hauptsächlich aus Wasser (90 %) und Proteinen (10 %).

Eigelb enthält 50 % Wasser, 20 % Proteine, 30 % Fett + reichlich Vitamine und Mineralstoffe

Köche verwenden Eier ...

ZUM STABILISIEREN
Eier werden durch Garen fest, sie stocken. Kuchenteig oder Omeletts halten deshalb zusammen.

ALS GLANZSCHICHT
Bestreicht man Teige mit verquirltem Ei, erhält das Gebäck eine glänzende Oberfläche.

ALS KLEBER
Ei versiegelt Teig, bindet Hackfleischmasse, ist Basis von Pfannkuchenteig und Bestandteil von Panaden.

ZUM BINDEN UND ANDICKEN
Eigelbe machen Puddinge, Saucen und Mayonnaise cremig.

FÜR LUFTIGE LEICHTIGKEIT
Eiweiß wird für Baisers, Mousses und Soufflés zu Schnee geschlagen; für Kuchen nimmt man ganze Eier. Luftblasen machen Speisen und Gebäck leicht und luftig.

Porridge

4 PORTIONEN

Porridge ist ein Getreidebrei aus Haferflocken und wird besonders in Großbritannien gern zum Frühstück gegessen. Ein Schälchen Porridge am Morgen liefert dir Energie bis zum Mittagessen und ist ganz leicht zu machen.

150 g Haferflocken

250 ml Milch, Mandelmilch oder Kokosmilch

750 ml Wasser

1 Prise Salz

1 Haferflocken, Milch, Wasser und Salz in einen großen Topf geben.

2 Den Topfinhalt bei starker Hitze auf dem Herd erwärmen, mit einem Kochlöffel umrühren. Den Topf beim Umrühren am Griff gut festhalten.

3 Die Hitze senken, sobald der Porridge sprudelnd zu kochen beginnt. Er soll nur noch köcheln.

4 Lass ihn noch 7 Minuten köcheln und rühre dabei ständig, bis die Mischung dick wird und die Haferflocken aufgequollen sind.

5 Wenn der Porridge cremig ist, ist er fertig. Jetzt kannst du ihn noch verfeinern …

7 Arten für 7 Tage

Fruchtig

Mische in den letzten 1–2 Minuten, bevor der Porridge fertig ist, 1 geriebenen Apfel und 1 Handvoll Brombeeren unter. Ein paar Brombeeren, 2 EL geröstete Haselnüsse und 2–3 EL flüssigen Honig darauf verteilen.

Porridge + Süße + Obst/Nüsse = ein leckerer und gesunder Start in den Tag

Exotisch

Gib 2 in Scheiben geschnittene Bananen, die Schale von 1 Limette und 2–3 EL braunen Zucker dazu (das schmeckt vor allem köstlich, wenn du den Porridge mit Kokosmilch zubereitest).

Tiefviolett

Rühre 1 Handvoll Heidelbeeren mit den Haferflocken unter den Porridge. Bereite ihn dann wie beschrieben zu und würze noch mit gemahlener Vanille. Zum Schluss noch 1 Handvoll Heidelbeeren und 2–3 EL Ahornsirup darübergeben.

Mediterran

Verfeinere den Porridge mit 8 EL griechischem Joghurt, 10 gehackten Trockenaprikosen, 1 Handvoll Himbeeren, 1 Handvoll gerösteter Mandeln oder Pistazien und 4 EL flüssigen Honig.

Knusprig

Bestreue jedes Schälchen mit 1 Handvoll Knusper-Müsli und 2 EL Honig.

Waaas?

Knuspriger Bacon und Ahornsirup

Diese beliebte amerikanische Kombination ist der beste Porridge überhaupt. Schneide 8 Scheiben gebratenen, knusprigen Bacon in Stückchen und streue sie über den Porridge. Beträufele sie dann noch mit etwas Ahornsirup.

Schoko-Traum

Rühre 2 EL Kakaopulver unter den Porridge, wenn er fertig ist. Süße ihn mit ungefähr 2 EL braunem Zucker. Verteile 2 in Scheiben geschnittene Bananen, ein paar Himbeeren und geröstete Mandelstifte darüber, wenn du magst.

Amerikanische Pancakes

Serviere sie mit Bacon und Ahornsirup oder mit Obstsalat, Honig und Joghurt.

DIE MINI-PFANNKUCHEN HEISSEN IN DEN USA AUCH DROP SCONES ODER SCOTCH PANCAKES.

Pancakes sind sehr einfach zuzubereiten und schmecken prima zum Frühstück oder Brunch.

---

125 g helles Mehl, Vollkornmehl oder beides gemischt

2 TL Backpulver

1 Prise Salz

1 Ei (Größe M)

250 ml Milch

4 TL Butter

---

1 Mehl, Backpulver und Salz in einer Schüssel mischen. In die Mitte eine Vertiefung drücken.

2 Ei und Milch hineingeben und alles gut verrühren. Wenn ein paar Klümpchen entstehen, ist das nicht schlimm, dann musst du einfach noch weiterrühren.

3 Gib 1 TL Butter in eine große Pfanne und lass sie bei starker Hitze schmelzen. Nun 1 großen Esslöffel voll Teig pro Pancake hineingeben; insgesamt kannst du vier bis fünf auf einmal backen.

4 Drehe die Pancakes mit einem Pfannenwender oder Spatel um, sobald sie an den Rändern und oben fest werden.

5 In 1–2 Minuten goldbraun backen. Pancakes auf einen Teller legen. Mit einem zweiten umgedrehten Teller darüber warm halten, bis der ganze Teig gebacken ist.

6 Dann wieder 1 TL Butter in die Pfanne geben, schmelzen lassen und die nächsten Pancakes backen. Und so weiter ...

Wenn Rauch aus der Pfanne aufsteigt, sofort die Hitze reduzieren.

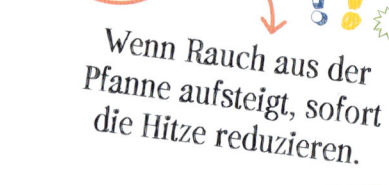

Lecker mit Zucker und Zitronensaft.

Pancakes mit Obst

1 Apfel oder Birne reiben (vorher schälen und entkernen), die Raspel unter den Teig mischen.

ODER

Streue Heidelbeeren, Himbeeren, Erdbeeren oder Brombeeren auf die Pancakes, sobald du den Teig in die Pfanne gegeben hast. 3 bis 4 Früchte pro Pancake reichen. Mit Honig servieren!

ODER

1 zerdrückte Banane und die abgeriebene Schale von 1 Limette unter den Teig rühren und die fertigen Pancakes mit gerösteten Kokoschips, braunem Zucker und Limettensaft servieren.

(4)

Herzhafte Pancakes

50 g geriebenen Cheddar und 1 TL Schnittlauchröllchen unter den Teig rühren.

ODER

100 g Maiskörner und 2 gehackte Frühlingszwiebeln unter den Teig rühren. Das schmeckt mit einem Klecks Guacamole super!

ODER

Den Teig mit Vollkornmehl, 1 TL Schnittlauchröllchen und 1 TL gehacktem Dill zubereiten. Die Pancakes mit Räucherlachs und saurer Sahne servieren.

SMOOTHIES

Beeren-Smoothie

Aus reifen Früchten kannst du leckere Smoothies mixen. Am besten werden sie, wenn du sie zur Hälfte aus Flüssigkeit und zur anderen Hälfte aus Obst machst, also:

100 ml Flüssigkeit + 100 g/1 kleine Handvoll zerkleinerter Früchte = 1 mittelgroßer Smoothie

Als Flüssigkeit kannst du Milch, Mandelmilch, Sojamilch, Reismilch, Hafermilch, Kokoswasser, Orangen- oder Apfelsaft nehmen.

Alle Zutaten in den Mixer geben.
Mixen.
Schon fertig.

Für diese leckeren Fruchtgetränke brauchst du einen Mixer – pass mit dem scharfen Messereinsatz auf!!! DENKE daran, den Deckel aufzusetzen, bevor du den Mixer einschaltest. Sonst musst du eure Küchendecke neu streichen.

Wenn der Smoothie nicht süß genug ist, gib etwas Honig, Ahornsirup oder Zucker hinzu.

Verwende Beeren der Saison, die schmecken am besten und sind preiswert. Oder sammle sie im Herbst und friere sie ein. Im Winter und Frühling hast du Beeren dann stets griffbereit und kannst sie als Vitamin-Kick genießen.

350 g gemischte Beeren, geputzt (Erdbeeren, Himbeeren, Heidelbeeren, Brombeeren)

1 Banane, geschält

400 ml gekühlte Milch oder Apfelsaft

1 Schneide die Erdbeeren in Stücke, brich die Banane einmal durch und gib das Obst in den Mixer.

2 Nun Milch oder Saft dazugießen.

3 Deckel fest draufsetzen.

4 Mixen – fertig!

Mehr Smoothie-Rezepte →→ →→ →→

Smoothie-Tipps

Verarbeite Äpfel und Birnen mit (gut gewaschener) Schale – sie ist voller Nährstoffe.

Gib noch ein paar Eiswürfel in den Mixer, wenn du sehr kalte Getränke magst.

Mit gefrorenen Früchten kannst du eiskalte Smoothies machen. Einfach saisonales Obst günstig einkaufen, in kleine Stücke schneiden und einfrieren. Oder einfach im Supermarkt tiefgekühlte Früchte kaufen.

Bananen oder Naturjoghurt machen deine Smoothies besonders cremig.

33

Grüner Super-Smoothie

4 PORTIONEN

Für eine Extraportion Vitamine kannst du noch grünes Blattgemüse dazugeben. Spinat wirst du kaum rausschmecken, aber er gibt deinem Smoothie den ganz besonderen Kick.

2 Bananen, geschält

1 Apfel, ungeschält

1 Birne, ungeschält

400 ml kalte Mandelmilch, Kokoswasser oder Apfelsaft

1 große Handvoll Babyspinat-Blätter

Saft von ½–1 Limette

1 Obst in Stücke schneiden. Mit Flüssigkeit, Spinatblättern und etwas Limettensaft in den Mixer geben. Deckel drauf, mixen.

2 Probieren. Wenn du möchtest, mehr Limettensaft untermixen.

Sei kreativ

Was hältst du von ein paar Minz- oder Basilikumblättern oder etwas geriebenem Ingwer?

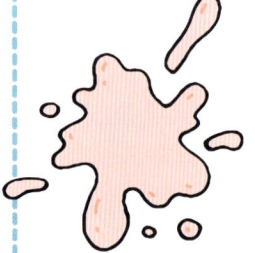

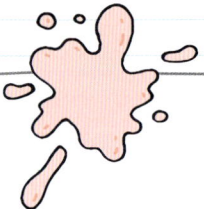

Eis am Stiel

Aus Smoothie-Mischungen kann man auch leckeres Eis machen. Eis-Formen gibt es im Sommer in vielen Supermärkten zu kaufen.

Das fertige Eis aus den Formen nehmen, in einen Gefrierbeutel füllen, wieder einfrieren und die Formen neu füllen. So bekommst du eine richtige Eis-Kollektion.

Du kannst Smoothies mit Honig, Ahornsirup oder Zucker ruhig intensiver süßen, denn Kälte betäubt die Geschmacksknospen.

Mango-Lassi

4 PORTIONEN

Ein Lassi muss keine Früchte enthalten – eigentlich ist es ein kalter Joghurtdrink, der manchmal nur mit Salz gewürzt wird.

Hier ist ein Klassiker aus Nordindien, wo man sich auf den Frühling und die Mango-Saison freut und vor allem auf den erfrischenden Mango-Lassi.

- 2 reife Mangos (ca. 300 g Fruchtfleisch)
- 250 ml Naturjoghurt
- 5–6 Eiswürfel
- 1 EL Honig oder nach Geschmack
- etwas Milch oder Wasser, bei Bedarf

1. Fruchtfleisch in Stücke schneiden.

2. Mangostücke mit Joghurt, Eiswürfeln und der Hälfte des Honigs in den Mixer geben.

3. Mixen, bis die Masse cremig ist. Du kannst noch mehr Honig hinzufügen, aber der Drink sollte nicht so süß sein.

4. Wenn der Lassi sehr dicklich ist, einfach noch etwas Milch oder Wasser hinzugeben.

Auf S. 146 steht, wie's gemacht wird.

Mit Gewürzen

Du kannst dem Lassi mit 2 Kardamomkapseln einen typisch indischen Geschmack verleihen.

Knacke die Kardamomkapseln mit dem Stößel im Mörser auf, entferne die äußere Schale, zerstoße die schwarzen Samen und gib sie mit den anderen Zutaten in den Mixer.

Mit Nüssen

Bestreue den Lassi mit gehackten Mandeln oder Pistazien.

Hast du keinen Mörser und Stößel? Dann kannst du die Kapseln auch mit dem Ende einer Teigrolle auf einem Brett zerstoßen.

Tricksen?

Du kannst auch fertiges Mangopüree im Asia-laden kaufen und den Lassi damit zubereiten. Funktioniert super! Wenn es gezuckert ist, lass den Honig weg.

Salate
und Dips

zum Mitnehmen

Rohkostsalate

Ideal für die Lunchbox oder ein Picknick. Schmecken auch fantastisch mit Ofenkartoffeln oder in einen Wrap gewickelt.

Mit Rohkostsalaten kannst du sozusagen den „Regenbogen" essen: Wähle aus möglichst jeder Farbgruppe des Regenbogens Obst und Gemüse aus, dann sieht der Salat nicht nur großartig aus, sondern enthält auch eine bunte Mischung an Vitaminen und Mineralstoffen, die dich gesund und fit halten.

Das Grundrezept

4 PORTIONEN

2 Frühlingszwiebeln

2 junge Möhren

2 kleine Beten (möglichst 1 Rote und 1 Gelbe)

¼ Weißkohl

1 Apfel

1 Handvoll Rosinen

DRESSING

Saft von ½ Zitrone

3 EL natives Olivenöl extra

Salz und Pfeffer

ODER ein Dressing von S. 41

1   Gemüse und Obst waschen. Vor allem Möhren und Beten gründlich abbürsten, weil die Schale mitgegessen wird (sie ist voller Nähr- und Ballaststoffe).

2   Von den Frühlingszwiebeln die Wurzeln abschneiden, die äußeren und dunkelgrünen Blätter entfernen und die hellen Teile der Zwiebeln in Ringe schneiden. Beiseitestellen.

3   Von Möhren und Beten die oberen und unteren Enden abschneiden, die Rüben nicht schälen. Eine Kastenreibe auf ein Schneidebrett stellen und das Gemüse darauf vorsichtig grob raspeln. Sobald deine Finger die Reibe fast berühren – sofort mit dem Raspeln aufhören. Die kurzen Reste lieber mit einem Messer zerkleinern (oder naschen!).

4   Raspele den Kohl oder schneide ihn in schmale Streifen. Der Strunk hält den Kohl dabei zusammen. Danach kannst du ihn wegwerfen.

5 Den Apfel halbieren und das Kerngehäuse herausschneiden. Nun die (ungeschälten) Apfelhälften ebenfalls raspeln.

6 Gemüse und Apfel in eine große Schüssel geben und die Rosinen hinzufügen.

7 Zitronensaft, das Olivenöl, 1 Prise Salz und etwas Pfeffer dazugeben, damit der Apfel nicht braun wird. Den Salat durchmischen.

Bestreue den Salat mit gerösteten Samen und Kernen oder knackigen Sprossen! (siehe S. 42)

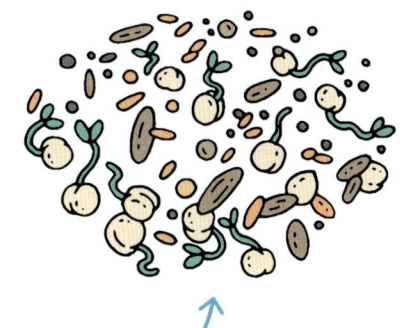

Noch ein leckerer Rohkostsalat

4 PORTIONEN

2 Frühlingszwiebeln

2 Möhren

¼ Rotkohl

8 Radieschen, geraspelt oder in Scheiben geschnitten

½ Fenchelknolle, geraspelt (schälen und Strunk entfernen)

1 Birne

kernlose helle Weintrauben

DRESSING

Saft von ½ Zitrone

3 EL natives Olivenöl extra

Salz und Pfeffer ODER ein Dressing auf S. 41

Bereite den Salat wie beim Grundrezept beschrieben zu. Verwende dabei die hier aufgeführten Zutaten.
Das ist die Idee hinter diesen Rezepten: Nimm einfach das für den Salat, was gerade Saison hat, was du gerne isst oder was du in Kühlschrank oder Obstschale findest.

Den Weltrekord beim London-Marathon 2012 hat eine Möhre aufgestellt. Genauer gesagt, Edward Lumley, der sich als Möhre verkleidet hatte. Seine Zeit von 2 Stunden, 59 Minuten und 33 Sekunden hat er durch einen Endspurt erreicht, zu dem er ansetzte, als er erfuhr, dass ihm ein als Bohne verkleideter Läufer näher kam. Wirklich wahr!

Sommer-Blattsalat

Du kannst diesen Salat natürlich auch im Winter essen, aber Saison-Gemüse ist frischer, schmackhafter und oft auch preiswerter. Wichtig: Wasche alle Zutaten vor der Zubereitung.

SALAT-MATHEMATIK

Salat + Dressing + Kerne-Samen-Mix = Mittagessen

200 g Salatblätter, gewaschen

½ Salatgurke

12 Kirschtomaten

Dressing deiner Wahl (siehe nächste Seite)

1 Trockne die Salatblätter in einer Salatschleuder oder in einem Sieb. Das Sieb vorher mit Küchenpapier auslegen.

2 Schneide die Gurke in Scheiben oder Würfel und halbiere die Kirschtomaten.

3 Nun alles in eine Salatschüssel geben. 2 EL Dressing auf die Salatzutaten träufeln und mit sauberen Händen oder mit einem Salatbesteck gründlich unterheben. Du kannst auch mehr Dressing verwenden. Es ist auf jeden Fall besser, das Dressing nach und nach hinzuzufügen und den Salat zwischendurch abzuschmecken.

Mische das Dressing erst ein paar Minuten vor dem Essen unter den Salat, dann wird er nicht matschig.

EXTRAS

Macht sich auch noch gut in deinem Salat:

2 Scheiben Kochschinken, gewürfelt

Reste von gegartem Hähnchenfleisch, zerkleinert

6 Scheiben knusprig gebratener Bacon, klein geschnitten

Avocadostücke (sofort mit Dressing beträufeln, damit sie nicht braun werden)

in Würfel geschnittener Feta, Ziegenkäse, Cheddar oder Blauschimmelkäse

1 Handvoll geröstete Mandeln oder Nusskerne

3 Salat-Dressings

Alle Zutaten in ein Schraubdeckelglas geben, Glas verschließen und schütteln.

Zitronen-Dressing

4 EL natives Olivenöl extra

Saft von ½ Zitrone

1 TL körniger Senf

1 Prise Salz, etwas Pfeffer

nach Belieben fein gehackte Kräuter (z. B. Basilikum, Minze, Petersilie oder Estragon)

Tahini-Dressing

3 EL Tahini (Sesampaste)

2 EL natives Olivenöl extra

Saft von ½ Orange

1 EL Apfelessig

1 Prise Salz, etwas schwarzer Pfeffer

Das Öl im Dressing hilft deinem Körper, die Mineralstoffe und Vitamine aus dem Salat optimal aufzunehmen.

Joghurt-Dressing

4 EL Naturjoghurt

2 EL Weißweinessig

2 EL natives Olivenöl extra

1 Prise Salz, etwas Pfeffer

nach Belieben fein gehackte Kräuter (z. B. Basilikum, Minze, Petersilie oder Estragon)

Diese Toppings sind für Salate das, was der Zuckerguss für einen Kuchen ist.

Zum Bestreuen

Kerne-Samen-Mix

Am besten legst du dir in einem kleinen Glas einen Vorrat an gerösteten Kernen und Samen an. Dann kannst du jederzeit Sandwiches, Salate oder auch Gemüse damit bestreuen.

2 EL Kürbiskerne
2 EL Sonnenblumenkerne
2 EL Sesamsamen
2 EL Pinienkerne

oder Haselnüsse, Walnüsse, Mandeln – du bist der Boss

Kerne in einer fett-freien Pfanne bei mittlerer Hitze 2 bis 3 Minuten rösten, bis sie nussig duften. Auf einem Teller ab-kühlen lassen und in einem Glas aufbewahren.

nein – keine Bambus-sprossen!

Sprossen-Mix

Viele Bio-Läden verkaufen Sprossen von Linsen, Bohnen und Kichererbsen. Greif zu! Nicht nur, weil sie so angenehm nussig schmecken und einen fes-ten Biss haben, sondern weil sie voller Nährstoffe sind.

Wenn du bisher nicht oft Salat gegessen hast, wirst du es mit diesen Sprossen nun vielleicht gern tun. Probiere sie erst einmal auf Obst oder Gemüse wie Apfel oder Möhre oder auf deinem Käse- oder Schinkenbrot.

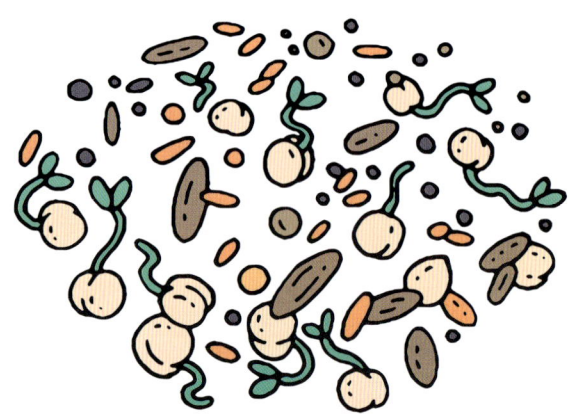

Croutons

Croutons werden oft in der Pfanne zubereitet, doch diese hier werden im Ofen gebacken. Sie passen ausgezeichnet zu Suppen und Salaten. In einer verschlossenen Dose kannst du sie eine Woche lang aufbewahren.

ERGIBT 1 GROSSE TÜTE

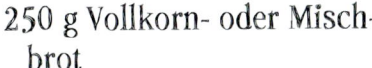

Französisch für „knusprige Brotwürfel"

250 g Vollkorn- oder Misch-brot

5 EL natives Olivenöl extra

$^1/_2$ TL Salz

nach Belieben 2 TL fein gehackte frische Kräuter wie Rosmarin, Thymian oder Salbei (getrocknet oder frisch)

1 Den Backofen auf 190 °C vorheizen.

2 Schneide das Brot in Würfel und verteile sie nebeneinander auf einem Backblech. 4 EL Olivenöl und das Salz darübergeben.

3 Nun alles mit den Händen gut vermischen, bis die Brotwürfel das Öl aufgesogen haben. Die Brotwürfel dürfen sich auf dem Blech nicht berühren, da sie sonst nicht knusprig werden.

4 Die Brotwürfel 5 Minuten im Ofen backen. Das Blech herausnehmen, die Würfel mit einem Löffel oder Spatel wenden und nun nach Belieben mit Kräutern bestreuen.

5 Das Blech wieder in den Ofen schieben und die Brotwürfel noch einmal für 5 Minuten rösten, bis sie goldbraun sind.

6 Die fertigen Croutons mit einem Löffel auf ein Kuchengitter geben und abkühlen lassen. Wenn du sie nicht sofort verwendest, bewahre sie in einer verschlossenen Dose oder Papiertüte auf.

Superschneller Bohnen-salat mit Thunfisch

Dieser schnell und einfach gemachte Salat zeigt, dass Zutaten aus Dosen gesund und lecker sein können. Für die Bohnen kannst du weiße, schwarze, Borlotti- oder Wachtelbohnen nehmen.

4 PORTIONEN ALS BEILAGE ZU OFENKARTOFFELN; 2 PORTIONEN ALS HAUPTGERICHT

½ rote Zwiebel, geschält

3 EL Balsamico-Essig

1 Dose weiße Bohnen
(ca. 400 g Füllmenge)

1 Dose Mais
(ca. 200 g Füllmenge)

1 Dose Thunfisch in Öl
(ca. 200 g Füllmenge)

1 kleines Bund glatte Petersilie

4 EL natives Olivenöl extra

Salz und schwarzer Pfeffer

1 Die Zwiebel in möglichst feine Halbringe schneiden. Diese mit dem Balsamico in eine Salatschüssel geben.

2 Bohnen und Mais über der Spüle in ein Sieb abgießen und mit kaltem Wasser abspülen. Abtropfen lassen und ebenfalls in die Schüssel geben.

3 Lass den Thunfisch ebenfalls gut abtropfen und gib ihn in die Schüssel.

4 Die Blätter von der Petersilie zupfen und grob hacken.

5 Petersilie, Öl, Salz und Pfeffer in die Schüssel geben. Mit einem Löffel alle Zutaten gut vermischen und abschmecken. Braucht der Salat noch mehr Sauce? Vor dem Servieren noch etwas Essig, Öl, Salz und Pfeffer unter den Salat mischen.

Toll für die Lunchbox, weil Hülsenfrüchte voller Ballaststoffe stecken, so bleibst du lange satt und bekommst viel Energie.

Leiste deinen Beitrag zur Erhaltung der Ozeane und kaufe nur Thunfisch mit einem Siegel für nachhaltige Fischerei.

Mexikanische Art

Lass Thunfisch, Mais und Petersilie weg und gib 3 gewürfelte Tomaten, 1 gewürfelte Avocado (siehe S. 51), 1 Handvoll Korianderblätter und den Saft von 1 Limette hinzu.

Spanische Art

Lass Thunfisch und Mais weg und gib 3 gewürfelte Tomaten und 1 Handvoll gewürfelte Chorizo (geräucherte spanische Hartwurst) hinzu.

Vegetarische Art

Lass Thunfisch und Mais weg und gib 3 gewürfelte Tomaten, 1 Handvoll zerkrümelten Feta und 1 große Handvoll Basilikumblätter dazu. Wenn du diesen Salat mit einer Scheibe Brot isst, hast du ein ausgewogenes, vegetarisches Gericht.

Super-Samen

Kein Wunder, dass Samen voller guter Dinge stecken – sie enthalten alles, was nötig ist, damit daraus eine neue Pflanze wachsen kann.

Getreidekörner sind die getrockneten Samen von Gräsern. Auf der ganzen Welt werden ungefähr 2500 Millionen Tonnen Getreide im Jahr produziert – eine unglaubliche Menge! Am meisten wird Mais, Reis und Weizen angebaut.

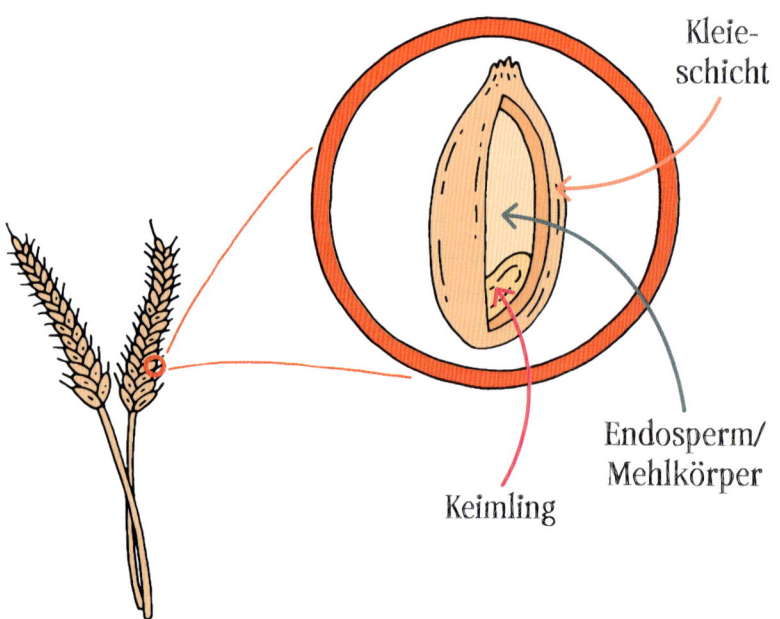

Kleie-schicht

Endosperm/ Mehlkörper

Keimling

Getreideprodukte aus Vollkornmehl (z. B. Vollkornbrot) und ungeschälte Getreidekörner wie Naturreis enthalten Kleie, Keimling und Endosperm. Die Kleie enthält Ballaststoffe, die von unserem Körper langsam verdaut werden. Deshalb fühlen wir uns nach dem Verzehr von Vollkornprodukten länger satt und voller Energie. Der Keimling enthält gesunde Fettsäuren und andere wertvolle Nährstoffe.

Weißer Reis und weißes Mehl für Pasta, Kuchen und Weißbrote bestehen aus dem größten Teil des Getreidekorns, dem Endosperm bzw. Mehlkörper. Das liefert uns zwar viel Energie, doch ist es schade, die wertvollen Inhaltstoffe der Kleie und des Keimlings nicht zu nutzen.

Wenn du etwas anbietest, was Nüsse enthält, solltest du das vorher sagen. Manche Menschen reagieren allergisch auf Nüsse.

Auch Hülsenfrüchte sind Samen – sie stecken aber in Schoten

Egal ob sie getrocknet oder gegart sind, Kichererbsen, Linsen, Erbsen und Bohnen sind immer vollwertig.

Es ist einfach, preiswert und macht Spaß, Baked Beans oder Hummus selbst zuzubereiten. Außerdem ist beides sehr lecker.

Wenn du ein paar Hülsenfrüchte in den Salat gibst, macht er länger satt und liefert dir Energie für viele Stunden.

OK, da ist das Thema Blähungen: Verantwortlich dafür ist ein wichtiges Darmbakterium, das Gas bildet, während es die Ballaststoffe aufspaltet. Wenn Blähungen für dich ein Problem sind, würze das Hülsenfruchtgericht mit Ingwer, Kurkuma, Kreuzkümmel oder einem kleinen Stück Meeresalge.

Nüsse und andere Samen

Was wir als Nüsse essen, sind oft die Samen von Nussfrüchten. Andere köstliche Samen gibt es von Blumen, Kapseln oder Schoten und Früchten. Alle Nüsse und Samen machen Snacks gesund, vor allem wenn man sie pur isst und nicht als Bestandteil eines Müsliriegels, der noch Mengen von Zucker enthält. Streue Nüsse und Samen über Salate und Sandwiches.

Nüsse enthalten gesunde Fette. Die braucht unser Körper z. B. als Energielieferant, für die Gehirn- und Nervenfunktion, für den Vitamintransport und eine gesunde Haut.

Getreide zubereiten

Bulgur zubereiten

Gib 100 g Bulgur in eine große Schüssel und gieße 200 ml kochendes Wasser darüber. Die Schüssel mit Frischhaltefolie bedecken und den Bulgur ca. 20 Minuten quellen lassen. Anschließend in einem Sieb abtropfen lassen und wieder in die Schüssel geben.

Achtung, kochendes Wasser!!!!

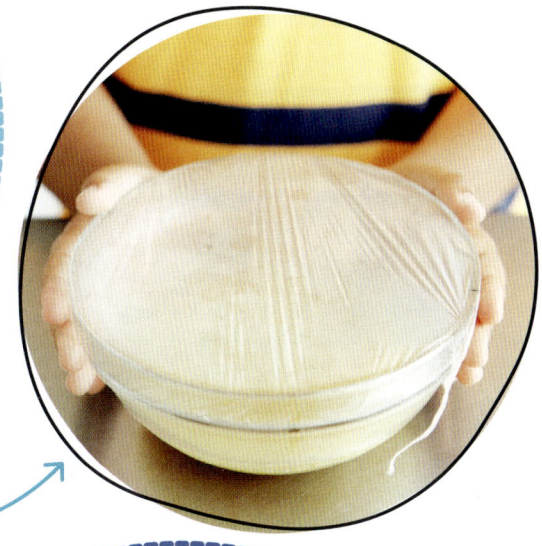

Die Quinoa ist eine intelligente Pflanze. Sie enthält in der Randschicht ihrer Samen den Bitterstoff Saponin, der sie vor Insektenfraß schützt.

Quinoa zubereiten

Wasche 100 g Quinoa vor dem Kochen in einem Sieb, damit die Samen ihren bitteren Geschmack verlieren.

Danach die Quinoa mit 200 ml kaltem Wasser in einen Topf geben und aufkochen lassen. Hitze runterschalten, 15 Minuten köcheln lassen. Sobald sich um jeden Samen ein Ring bildet, sind die Körnchen gar.

Nun kannst du sie in ein Sieb abgießen, damit überschüssiges Wasser abfließt.

Mediterraner Bulgursalat

4 PORTIONEN

Bulgur ist nichts anderes als grober Weizenschrot. Er ist vor allem in den östlichen Mittelmeerländern sehr beliebt und wirklich schnell fertig.

100 g Bulgur

4 Tomaten

½ Salatgurke

2 Frühlingszwiebeln

2 Stängel Minze

4 Stängel glatte Petersilie

Saft von ½–1 Zitrone

4 EL natives Olivenöl extra

Salz

1 Bereite den Bulgur zu (siehe S. 47).

2 Tomaten und Gurke waschen und in kleine Stücke schneiden.

3 Von den Frühlingszwiebeln die Wurzeln abschneiden, die äußeren Schichten entfernen und die hellen Teile in feine Ringe schneiden. Zupfe die Blätter von den Kräuterstängeln und hacke sie grob.

4 Vermische Tomaten, Gurke, Frühlingszwiebeln und Kräuter mit dem Bulgur.

5 Zitronensaft und Olivenöl über die Salatzutaten gießen, alles gründlich mischen.

BULGUR-SALATE SIND PRIMA ZUM MITNEHMEN UND ALS BEILAGE ZU GEGRILLTEM FLEISCH ODER FISCH GEEIGNET.

Für ein leckeres Mittagessen noch 200 g Feta über den Salat krümeln.

PROBIERE den Salat mal mit Würfeln von Wassermelone anstelle der Tomate.

Du kannst diese Salate mit Bulgur, Couscous oder Quinoa zubereiten.

Quinoasalat wie in Südamerika

4 PORTIONEN

Salate mit Körnern und Samen machen satt und liefern vor allem energiespendende Kohlenhydrate. Quinoa wächst in den Hochlagen der Anden in Südamerika. Häufig wird sie als „Superfood" bezeichnet, weil die winzigen Samen viele Mineralstoffe und wertvolles Protein enthalten – ideal für Vegetarier.

100 g Quinoa

2 Limetten

1 Avocado

1 rote Paprikaschote

2 Frühlingszwiebeln

1 kleines Bund Koriander

1 Handvoll geröstete Cashew-kerne

4 EL natives Olivenöl extra oder kalt gepresstes Rapsöl

Salz und Pfeffer

1 Bereite die Quinoa zu (siehe S. 47).

2 Die Schale von ½ Limette abreiben und den Saft beider Limetten in eine kleine Schüssel auspressen.

3 Avocado in kleine Stücke schneiden.

4 Die Avocadostücke sofort mit dem Limettensaft mischen, damit sie nicht braun werden.

5 Halbiere die Paprikaschote und entferne die Samen und die weißen Trennwände. Das Fruchtfleisch in kleine Stücke schneiden. Entferne die Wurzel und die äußeren Blätter der Frühlingszwiebeln und schneide die hellen Zwiebelteile in Ringe. Zupfe die Blätter vom Koriander.

6 Die gegarte Quinoa in eine Schüssel geben und abkühlen lassen. Nun Avocado, Limettensaft und -schale, Frühlingszwiebeln, Pfeffer, Cashewkerne, Koriander und Olivenöl untermischen. Mit Salz und Pfeffer würzen.

7 Verrühre den Salat noch einmal vorsichtig mit einem großen Löffel (die Avocado dabei nicht zerquetschen!). Schmecke nochmal ab: Fehlt noch Salz oder Pfeffer?

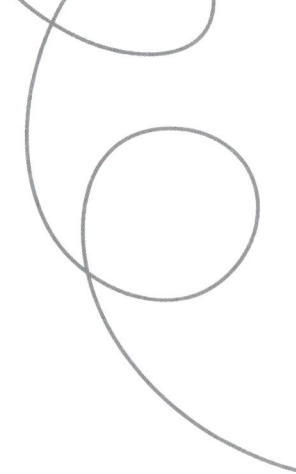

PROBIERE den Salat mal mit kaltem Hühnchenfleisch.

PROBIERE eine scharfe Variante: Den Salat einfach mit 1 Prise Cayennepfeffer oder sehr fein gehackter Chilischote würzen.

7

Eine Avocado vorbereiten

Die Avocado mit einem Messer längs halbieren. Drehe die Hälften gegeneinander, um sie voneinander zu trennen. Nun das Fruchtfleisch jeder Hälfte gitterartig einschneiden (ohne dabei die Schale zu verletzen) und die Fruchtwürfel mit einem Löffel herausheben.

3

51

Guacamole

4 PORTIONEN

Selbst gemachte Guacamole ist absolut köstlich. Du kannst sie mit Kartoffel- oder Tortilla-Chips essen. Sie schmeckt aber auch toll zu Ofenkartoffeln (S. 118), Baked Beans (S. 84) oder Chili con Carne (S. 114).

2 Frühlingszwiebeln, geputzt und sehr fein geschnitten

1–2 Chilischoten, sehr fein gewürfelt (teste die Schärfe)

Saft von 1 Limette

2–3 REIFE Avocado

2 Tomaten, gewürfelt

1 Handvoll Korianderblätter, grob gehackt

Salz und Pfeffer

1 Gib die Frühlingszwiebeln und die Hälfte der Chili in eine Schüssel und beträufele alles mit dem Limettensaft.

2 Zerkleinere das Fruchtfleisch der Avocado, gib es in die Schüssel und zerdrücke es mit einer Gabel.

3 Tomaten, Korianderblätter sowie etwas Salz und Pfeffer dazugeben und unter die Avocadomischung rühren.

4 Die Guacamole abschmecken. Gib noch Chili, Salz und Pfeffer hinzu, falls nötig.

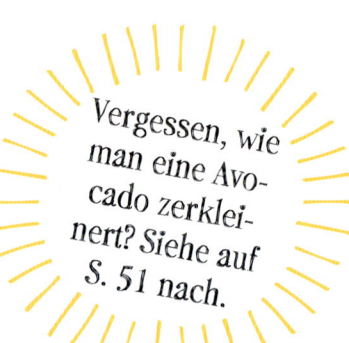

Vergessen, wie man eine Avocado zerkleinert? Siehe auf S. 51 nach.

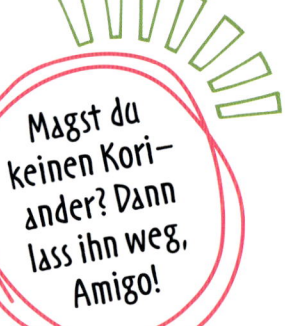

Magst du keinen Koriander? Dann lass ihn weg, Amigo!

Hummus

4 PORTIONEN

HUMMUS IST DAS ARABISCHE WORT FÜR KICHERERBSE.

Hummus ist ruckzuck fertig, wenn du einen Mixer oder eine Küchenmaschine hast – alles eine Frage der Geschwindigkeit.

1 Dose Kichererbsen
(400 g Füllmenge)

Saft von 2 Zitronen

2 Knoblauchzehen, geschält und gehackt

4 EL Tahini (Sesampaste; gibt's im Supermarkt)

2 EL Wasser

Salz und schwarzer Pfeffer oder Cayennepfeffer

2 EL natives Olivenöl extra

1 TL Paprikapulver

1 EL gehackte Petersilie

1 Die Kichererbsen in ein Sieb abgießen und über der Spüle abbrausen.

2 Dann die Kichererbsen zusammen mit Zitronensaft und Knoblauch in die Küchenmaschine oder den Mixer geben. Tahini und 2 EL Wasser hinzufügen.

3 Mixe alles, bis eine sämige Masse entstanden ist. Gib noch etwas Wasser hinzu, wenn sie zu dicklich ist und schmecke sie mit Salz ab.

4 Fülle den Hummus in eine kleine Schüssel und gieße das Olivenöl darüber, dann mit Paprikapulver und der gehackten Petersilie bestreuen. Du kannst den Hummus auch in ein Glas füllen und ein paar Tage verschlossen im Kühlschrank aufbewahren. Schmeckt super als Brotaufstrich oder als Dip zu Rohkost.

Pimp it

Würze den Hummus mit 2 TL gemahlenem Kreuzkümmel oder mit 1 kräftigen Prise Cayennepfeffer.

Anders, aber genauso gut

Das ist zwar nicht der traditionelle Hummus aus dem Mittleren Osten, aber du kannst ihn anstelle von Tahini auch mit 150 ml Olivenöl zubereiten.

PITA

Pitabrot kann man gut mit allen möglichen Arten von Rohkost, Salatblättern oder Bohnensalat füllen. Halbiere es einfach, öffne es wie eine Tasche und fülle es. Gib noch einen Löffel Hummus (siehe S. 54) oder cremige Guacamole (siehe S. 52) auf die Füllung und schon hast du ein leckeres Essen für unterwegs, zum Picknick oder für zwischendurch.

Pita-Chips

4 PORTIONEN

4 Pitabrote

natives Olivenöl extra

Salz

getrocknete Kräuter oder
    Gewürze (nach Belieben)

EINE GESUNDE UND LECKERE ALTERNATIVE ZU KARTOFFELCHIPS

1 Heize den Backofen auf 160 °C vor.

2 Schneide die Pitabrote mit einer Schere in 2,5 cm breite Streifen. Öffne die „Ringe" so, dass dünne Streifen entstehen.

3 Lege diese auf ein Backblech. Man hat immer dickere und dünnere Brotstreifen. Lege daher die dünneren auf ein Blech und die dickeren auf ein zweites – sie haben unterschiedliche Backzeiten.

4 Beträufele die Brotstreifen mit etwas Olivenöl und bestreue sie mit Salz. Du kannst auch noch getrocknete Kräuter oder Gewürze drüberstreuen.

5 Die Brotstreifen wenden, damit sie auf beiden Seiten mit den Gewürzen bedeckt sind und dann nebeneinander auf das Blech legen.

6 In 10–20 Minuten im Ofen knusprig backen. Achte darauf, dass sie nicht zu dunkel werden oder gar verbrennen.

7 Die Pita-Chips auf einem Kuchengitter abkühlen lassen und bis zum Verzehr in einer verschlossenen Blechdose aufbewahren. Sie bleiben ein paar Wochen lang knusprig.

Hummus

Salat

Kerne
und Samen

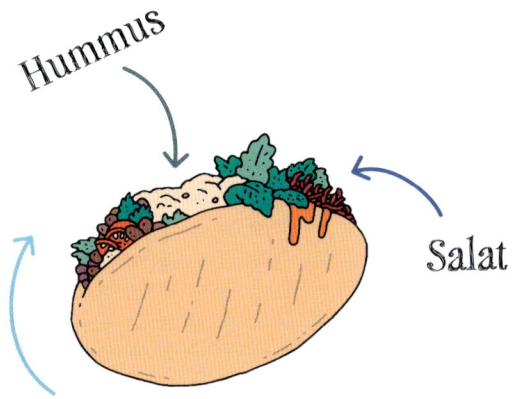

FLACHE BROTE UND WRAPS

Probiere als Füllung Salatblätter, Bohnen- oder knackige Rohkostsalate mit etwas Frischkäse, geriebenem Käse, Hummus oder Guacamole.

ODER wähle eine Tex-Mex-Füllung mit Chili con Carne, Guacamole und saurer Sahne.

1 Die Füllung auf die unteren zwei
    Drittel des Brotes geben.
2 Die Seiten einschlagen.
3 Brot aufrollen.

So einfach ist ein Wrap!

Bowl Food

köstliche Mahlzeiten zum Löffeln

Hühnerbrühe aus Knochen

ERGIBT 1 LITER

Wenn du das nächste Mal ein Brat- oder Ofenhähnchen (siehe S. 99) isst, wirf die Knochen nicht weg. Du kannst aber auch den Fleischer oder Geflügelhändler um Hähnchenkarkassen (das ist das Gerippe vom Huhn) für eine Brühe bitten. Diese selbst gekochte Hühnerbrühe ist eine aromatische Basis für Suppen und Saucen.

Knochen von mindestens
1 frischen oder gekochten
Huhn

1 Zwiebel, halbiert

1 getrocknetes Lorbeerblatt

1 TL schwarze Pfefferkörner

2 EL Apfelessig

1 Alle Zutaten in einen Topf geben. 1,5 l kaltes Wasser dazugießen, bis die Knochen 10 cm hoch mit Wasser bedeckt sind. Kontrolliere während des Kochens alle 30 Minuten, ob noch genügend Flüssigkeit im Topf ist. Falls nicht, Wasser nachgießen.

2 Das Wasser bei starker Hitze zum Kochen bringen. Mit einem Löffel die Fettschicht abnehmen, die sich auf der Oberfläche bildet. Nun die Hitze herunterschalten und den Deckel auf den Topf legen. Topfinhalt 5 bis 6 Stunden köcheln lassen.

3 Die heiße Brühe durch ein Sieb in einen anderen Topf gießen.

Fülle die abgekühlte Brühe in Joghurtbecher und friere sie bis zu 6 Monate ein. So hast du immer einen Vorrat griffbereit.

Durch langes, sanftes Kochen der Knochen erhältst du eine tolle nahrhafte Brühe mit viel Protein, Mineralstoffen und Kollagen. Im Judentum wird die Hühnersuppe auch als „Penicillin" bezeichnet, weil ihr eine heilsame Wirkung für alle möglichen Erkältungskrankheiten zugesprochen wird.

EINIGE SIND IN SEKUNDEN GAR UND TROTZDEM KEIN FAST-FOOD!

Sie sind sehr schnell und einfach zuzubereiten. Es gibt Tausende Arten von asiatischen Nudeln. Manche sind vorgekocht, die gibst du einfach in das heiße Gericht, die meisten sind jedoch getrocknet.

Nudel-Know-how

Du benötigst pro Person 100 g getrocknete Nudeln.

Wenn du die Nudeln in einem großen Topf kochst, kleben sie nicht aneinander. Pro 100 g Nudeln rechnet man 1 Liter Wasser.

Asiatische Nudeln sind oft schon gesalzen. Lies daher immer erst die Zutatenliste durch, bevor du Salz ins Wasser gibst.

Das Wasser erst aufkochen lassen, dann die Nudeln reingeben.

Immer schon 1 Minute vor Ende der angegebenen Garzeit prüfen, ob die Nudeln gar sind.

Lass die fertigen Nudeln in einem Sieb in der Spüle abtropfen. Achtung: Sie sind heiß!

super-gesund

Japanische Soba-Nudeln

sind aus Buchweizenmehl. Diese Vollkornnudeln schmecken nussig und machen sehr satt. Iss sie warm oder kalt.

Tipp: ganz zum Schluss unter ein Wok- oder Pfannengericht mischen.

Chinesische Eiernudeln und japanische Ramen

enthalten Weizenmehl, Eier und Salz. Nicht zu lange kochen, manche dünnen Sorten brauchen nur 1 Minute. Sie sollten noch elastisch und nicht matschig sein, wenn sie fertig sind.

Weiße Weizennudeln

enthalten Weizen, Salz und Wasser.

Japanische Udon-Nudeln

sind ziemlich dick und weich. Traditionell wird der zähe Teig mit den Füßen geknetet!

Reisnudeln

werden aus Reismehl hergestellt. Es gibt dickere und ganz dünne, die auch „Engelshaar" heißen. Reisnudeln braucht man nicht zu kochen, sondern nur in kochendes Wasser zu geben, bis sie weich sind. Dann abgießen und mit 1 TL Öl mischen, wenn man sie nicht sofort verwendet.

Glasnudeln

werden fast durchsichtig wie Glas, wenn sie gekocht sind. Die dünnen Nudeln werden aus Stärke von Mungobohnen, Yamswurzel oder Kartoffeln hergestellt. Gib sie in kochendes Wasser, bis sie weich sind und gieße sie dann ab. Schmecken spitze in kalten Salaten.

CHINESISCHE EIER-NUDELN

In Japan isst man traditionell an Neujahr Soba-Nudeln – denn lange Nudeln gelten als Symbol für ein langes Leben ... Brich sie deshalb nicht durch!

REISNUDELN

JAPANISCHE SOBA-NUDELN

Probiere sie mit gehackter Gurke, frischer Minze oder Korianderblättern, Garnelen und gerösteten Erdnüssen. Für das Dressing geriebenen Ingwer, Limettensaft und Sojasauce mischen.

JAPANISCHE UDON-NUDELN

Asia-Nudeln passen zu Lachs, Hähnchenspießen, vietnamesischen Fleischbällchen oder in eine Gemüsepfanne. Auch gut: zu gedämpftem Gemüse mit gehackten Frühlingszwiebeln und Sojasauce.

Asia-Nudelsuppe

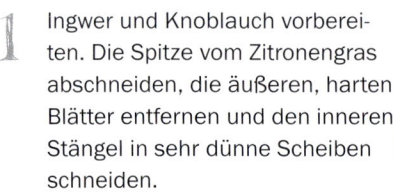

1 TL frischer Ingwer, gerieben

1 Knoblauchzehe, geschält und gehackt

1 Stängel Zitronengras

1,2 l Hühnerbrühe (siehe S. 60)

100 g asiatische Nudeln (siehe S. 62)

3 Frühlingszwiebeln, geputzt und fein gehackt

ein paar Koriander- oder Basilikumblätter

1–2 Chilischoten, sehr fein gehackt (nach Belieben)

1 Limette, geviertelt

Falls dir das zu scharf ist, kannst du stattdessen eine süße Chilisauce zur Suppe servieren.

1. Ingwer und Knoblauch vorbereiten. Die Spitze vom Zitronengras abschneiden, die äußeren, harten Blätter entfernen und den inneren Stängel in sehr dünne Scheiben schneiden.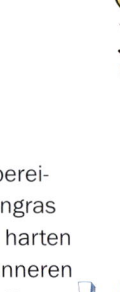

2. Die Brühe mit Ingwer, Knoblauch und Zitronengras in einem großen Topf zum Kochen bringen. Die Nudeln hineingeben und in der Brühe gar kochen.

3. Mit Sojasauce abschmecken und mit Frühlingszwiebeln und ein paar Koriander- oder Basilikumblättern bestreuen. Nach Belieben mit Chili würzen und mit der Limettte servieren.

Manche Nudeln brauchen nur 1 bis 2 Minuten, richte dich nach der Packungsangabe.

Extra-Kick

1 Minute vor Ende der Garzeit noch Sojasprossen, Zuckerschoten, in dünne Streifen geschnittene rote Paprika oder Möhrenscheiben in die Suppe geben.

Probiere

die Suppe mit Resten von gegartem Hähnchenfleisch. Klein schneiden und für ein paar Minuten in die Brühe geben, damit es heiß wird.

Mais-Cremesuppe

4 PORTIONEN

Für diese typisch nordamerikanische Cremesuppe, Chowder genannt, gibt es zahlreiche Rezepte. Hier lernst du zunächst, eine einfache Chowder zu kochen. Dann kannst du alle möglichen Varianten ausprobieren. Die Kartoffeln in der Suppe sorgen dafür, dass die Suppe satt macht. Wenn du magst, reiche noch dunkles Brot dazu.

Achtung! Du brauchst nicht viel davon, weil der Speck salzig ist.

1 Zwiebel

3 Scheiben geräucherter Speck

3 ½ EL Butter

500 g Kartoffeln

300 ml Gemüsebrühe oder Wasser

2 Frühlingszwiebeln

600 ml Vollmilch

150 g Mais (aus der Dose oder tiefgefroren)

Salz und Pfeffer

4 EL Crème fraîche (nach Belieben)

1 kleine Handvoll Basilikumblätter

1 Die Zwiebel in kleine Würfel (siehe S. 13) und den Speck in kleine Stücke schneiden.

2 Schmelze die Butter in einem großen Topf bei mittlerer Hitze. Zwiebel und Speck hinzugeben und darin etwa 10 Minuten braten, bis die Zwiebel weich und glasig ist.

3 Die Kartoffeln schälen und in kleine Stücke schneiden. In den Topf geben und alles 5 Minuten braten; rühre dabei immer wieder um.

4 Gemüsebrühe oder Wasser hinzugießen, aufkochen und so lange kochen lassen, bis die Kartoffeln weich sind (dauert etwa 10 Minuten). Inzwischen die Frühlingszwiebeln putzen und in feine Ringe schneiden.

5 Milch und Mais unter die Suppe rühren und die Suppe bei schwacher Hitze ein paar Minuten köcheln lassen.

6 Mit 1 Prise Salz und Pfeffer würzen. Nun die Crème fraîche einrühren. Das muss nicht sein, schmeckt aber besser.

7 Verteile die Suppe auf Schalen. Zerkleinere die Basilikumblätter und streue sie mit den Frühlingszwiebeln über die Suppe. Fertig zum Servieren.

Chowder mit geräuchertem Schellfisch

350 g geräuchertes Schellfischfilet, ohne Haut

Überprüfe das Fischfilet unbedingt auf Gräten. Fahre mit den Fingern auf der Innenseite des Filets entlang (vor allem in der Mitte) und ziehe alle Gräten heraus.

Schneide das Filet in 4 Stücke.

Nun das Rezept wie für Corn Chowder bis einschließlich Schritt 4 zubereiten. Dann Fisch mit Milch und Mais hinzugeben. Du wirst staunen, wie schnell das Ganze gekocht ist.

Der Fisch ist gar, wenn das Fleisch nicht mehr glasig ist und zerfällt, sobald du mit einer Gabel draufdrückst. Die Suppe auf Teller schöpfen.

Bestreue die Suppe mit Frühlingszwiebeln und Basilikum.

Anstelle von geräuchertem Schellfisch kannst du frisches Kabeljau- oder Seelachsfilet nehmen.

Iss dein Gemüse

Wir könnten alle mehr Gemüse vertragen, denn es ist der wahre Held unter den Lebensmitteln. Gemüse hilft, Krankheiten zu überstehen und unser Verdauungssystem und unsere Arterien gesund zu halten. Außerdem stärkt es unsere Knochen, ist gut für die Augen und lässt unsere Haut strahlen. Und: Gemüse ist reich an Ballaststoffen, die sättigen, ohne dick zu machen.

Gemüse, das über der Erde wächst, wird gerne gedämpft.

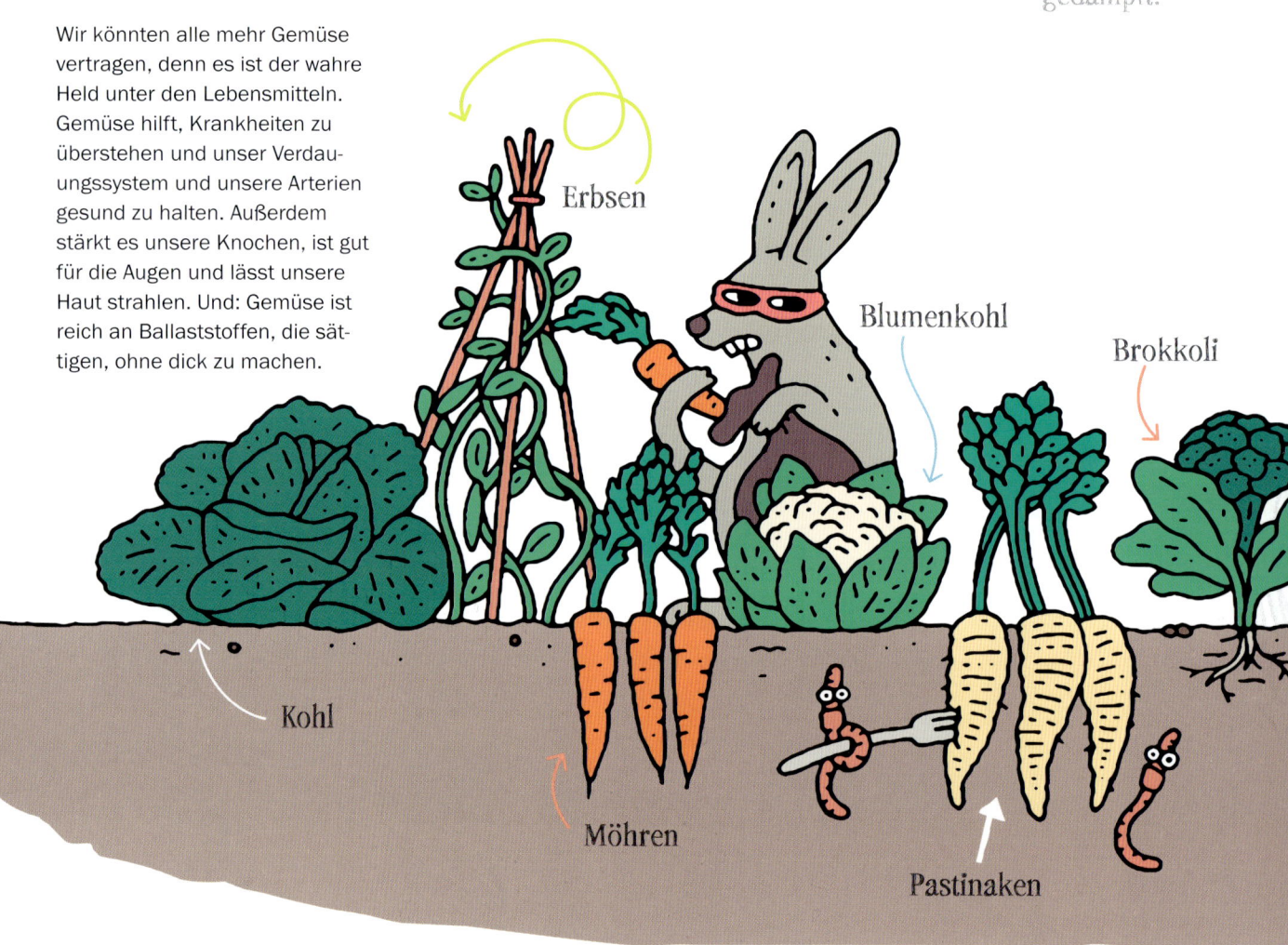

Erbsen

Blumenkohl

Brokkoli

Kohl

Möhren

Pastinaken

Gemüse, das unter der Erde wächst, wird gerne im Ofen gebacken.

Gemüse im Ofen backen

Wurzelgemüse schmeckt besonders gut, wenn es im Ofen gegart wurde. Versuche es mit einer beliebigen Mischung. Und gare gleich mehr als nötig, denn auch kalt ist das gebackene Gemüse lecker. Gib beim Garen noch je 1 Zweig Rosmarin und Thymian dazu.

Gemüse dämpfen

Schmeckt gut als Beilage mit Salz und Pfeffer und etwas Olivenöl oder Butter. Auch lecker als Snack mit etwas Sojasauce und Reis oder Nudeln.

Beim Dämpfen bleiben fast alle gesunden Nährstoffe im Gemüse erhalten. Beim Kochen in viel Wasser gehen sie zum großen Teil verloren.

Es gibt spezielle Dampfgarer, aber eigentlich reicht zum Dämpfen ein Topf mit einem Dämpfeinsatz und einem fest schließenden Deckel oder ein Dämpfkörbchen aus Bambus, das man in den Wok stellt.

1 Wasche und schneide das Gemüse in mundgerechte Scheiben, Würfel oder Streifen.

2 Gib soviel Wasser in den Topf, dass der Dämpfeinsatz damit nicht in Kontakt kommt. Deckel auflegen und Wasser zum Kochen bringen.

3 Nimm den Deckel mit Topfhandschuhen ab. Denk dran, der Dampf ist sehr heiß!

4 Gib das Gemüse in den Dämpfeinsatz und lege den Deckel wieder auf. Dämpfe das Gemüse 5–10 Minuten. Es sollte noch etwas knackig sein, dann schmeckt es nämlich wunderbar und ist auch noch gesünder.

Rote Bete

Mangold

Rosenkohl

Sprossen

Kartoffeln

Süßkartoffeln

1 Den Backofen auf 200 °C vorheizen.

2 Das Gemüse waschen, schälen und in etwa 5 cm große Stücke schneiden.

3 Verteile die Stücke auf dem tiefen Backblech – sie sollen nebeneinander, nicht übereinander liegen.

4 Bestreue das Gemüse mit Salz und Pfeffer und gib etwa 2 EL Olivenöl drüber. Gemüse wenden, damit es vom Öl umhüllt wird.

5 Nun etwa 45 Minuten im Ofen backen. Alle 15 Minuten das Blech aus dem Ofen nehmen und das Gemüse wenden, damit es gleichmäßig gart und bräunt.

Das gebackene Gemüse ist mit etwas Balsamico-Essig eine leckere Beilage. ODER richte es mit etwas Ziegenkäse oder Joghurt auf Naturreis an. ODER mische es unter einen Getreidesalat.

Minestrone

4–5 PORTIONEN

Minestrone bedeutet auf Deutsch „dicke Suppe". Und das ist keine Übertreibung: Mit Nudeln, Kartoffeln und Bohnen ist der Gemüseeintopf eine sättigende Mahlzeit.

Wähle das Gemüse nach der Jahreszeit aus und probiere auch mal Butternusskürbis anstelle von Kartoffeln.

3 EL Olivenöl

1 Zwiebel, gewürfelt

2 Möhren, gewürfelt

2 Stangen Sellerie, gewürfelt

1 l Gemüse- oder Hühnerbrühe

1 Kartoffel, geschält und in 2 cm große Würfel geschnitten

Salz und Pfeffer

1 Dose gehackte Tomaten (Füllmenge 400 g)

1 Dose Borlotti- oder weiße Bohnen (Füllmenge ca. 400 g)

1 Handvoll Suppennudeln (z. B. Sternchen) oder zerkleinerte Spaghetti

ca. 300 g grünes Gemüse, geputzt und in mundgerechte Stücke zerkleinert (z. B. grüne Bohnen, Zucchini, Spargel, Erbsen, Zuckerschoten, Grünkohl, Weißkohl …)

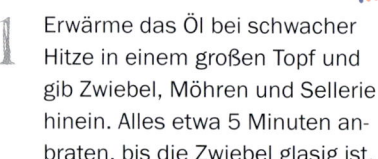

1 Erwärme das Öl bei schwacher Hitze in einem großen Topf und gib Zwiebel, Möhren und Sellerie hinein. Alles etwa 5 Minuten anbraten, bis die Zwiebel glasig ist.

2 Nun die Brühe mit den Kartoffelwürfeln und 1 Prise Salz in den Topf geben und alles ein paar Minuten köcheln lassen. ✳

3 Vorsichtig Tomaten, Bohnen und Nudeln hinzufügen. Aufpassen, dass die heiße Flüssigkeit nicht spritzt. Umrühren, die Hitze erhöhen und 5 Minuten kochen lassen.

✳ nicht sprudelnd kochen lassen

4 Gib nun das grüne Gemüse hinzu und lass die Suppe kochen, bis das Gemüse gar, aber noch knackig ist.

5 Koste die Suppe und würze nach Bedarf mit Salz und Pfeffer nach. Bedenke, dass der Parmesan recht salzig ist.

6 Die Suppe mit Parmesan und Basilikum bestreuen oder stattdessen Pesto unterrühren. In Suppenschalen servieren.

7 Buon appetito!

ZUM BESTREUEN

3 EL geriebener Parmesan

ca. 20 Basilikumblätter

ODER

3 EL Pesto

Guten Appetit!

Wenn du ein Stück Parmesan aufgebraucht hast, bewahre die Rinde auf. Sie ist voller Aroma! Gib sie bei der nächsten Minestrone, die du kochst, im Ganzen mit der Brühe in den Topf und nimm sie vor dem Servieren heraus.

Indisches Linsen-Tomaten-Dal

4–6 PORTIONEN ALS HAUPTGERICHT, 8–10 PORTIONEN ALS BEILAGE

Für eine Suppe einfach etwas mehr Wasser oder Brühe hinzugeben.

Ein Dal ist eines der preiswertesten und gesündesten Gerichte, die du kochen kannst – und es ist richtig lecker! Iss es mit Reis oder indischem Fladenbrot oder als Beilage zu einem Currygericht.

250 g rote Linsen

600 ml Wasser

2 Zwiebeln, geschält und gehackt

2 Knoblauchzehen, geschält und gepresst

3 cm frischer Ingwer, geschält und gerieben

3–4 EL Oliven-, Sonnenblumen- oder Rapsöl

1 TL Kurkumapulver

1 Dose gehackte Tomaten (Füllmenge 400 g)

200 ml Kokosmilch

Salz

TARKA-TOPPING

2 EL Öl

1 EL schwarze Senfkörner oder Kreuzkümmelsamen und 1 Prise Chiliflocken

1 Handvoll gehackte Koriander- oder Minzeblätter

1 Weiche die Linsen kurz in Wasser ein, während du Zwiebeln, Knoblauch und Ingwer vorbereitest.

2 Erwärme das Öl in einem großen Topf bei mittlerer Hitze und brate die Zwiebeln darin, bis sie glasig sind. Nun Knoblauch und Ingwer hinzufügen und alles braten, bis es angenehm duftet. Mit Kurkuma bestreuen und den Topf vom Herd nehmen.

3 Jetzt vorsichtig die gehackten Tomaten, die Kokosmilch und die Linsen samt dem Einweichwasser in den Topf geben.

4 Stelle ihn wieder auf den Herd und lasse die Zutaten etwa 20 Minuten köcheln, bis die Linsen zerfallen und breiig sind.

5 Den Dal mit Salz abschmecken.

6 Für das Tarka-Topping das Öl in einem kleinen Topf erhitzen, die Samen hinzugeben und rühren, bis sie aufplatzen bzw. hochspringen.

7 Gib Samen mit dem Öl zum Dal. Umrühren und mit Koriander oder Minze bestreuen.

Variante

Ersetze die Linsen durch abgetropfte Kichererbsen aus 2 Dosen oder Gläsern (Füllmenge jeweils ca. 400 g). Gib sie mit den Tomaten und der Kokosmilch in den Topf und lass alles zusammen etwa 10 Minuten kochen.

2

3

Rühre etwa alle 5 Minuten um.

4

6

7

Achtung, es kann spritzen!

Gemüsepfanne

4 PORTIONEN

Da unsere Geschmäcker verschieden sind, solltest du Sojasauce und süße Chilisauce auf den Tisch stellen. So kann sich jeder sein Essen selbst würzen.

Gemüse im Wok zu braten geht schnell, ist einfach und gesund dazu. Serviere die Gemüsepfanne mit Reis oder chinesischen Eiernudeln. Bereite alle Zutaten vor, bevor du zu kochen anfängst – das Essen ist dann besonders schnell fertig.

hier steht „Gemüsepfanne" auf Chinesisch!

炒菜

FÜR DIE BASISWÜRZE

4 Frühlingszwiebeln, geputzt und in feine Ringe geschnitten

2 cm frischer Ingwer, geschält und sehr fein gehackt

1 Knoblauchzehe, geschält und fein gehackt

1 Chilischote, entkernt

FÜR DAS GEMÜSE

1 rote Paprikaschote, entkernt und in Streifen geschnitten

2 Möhren, in Stifte oder Scheiben geschnitten

1 Zucchini, in Stifte oder Scheiben geschnitten

1 Handvoll Zuckerschoten, geputzt

1 Handvoll Maiskölbchen, längs halbiert

ZUM BRATEN UND FERTIG-STELLEN

2 EL Öl

2 EL Wasser

2 EL Sojasauce

1 EL Sesamsamen zum Bestreuen

2 EL gehackter Koriander (nach Belieben)

Probiere auch Brokkoli, Pak Choi, grüne Bohnen, Spargel oder anderes Gemüse, das du gerne magst.

1 Die zerkleinerten Zutaten für die Basiswürze in eine Schüssel geben. Das Gemüse in eine zweite Schüssel füllen. Jetzt hast du alles griffbereit.

2 Das Öl im Wok oder in einer sehr großen Pfanne bei starker Hitze heiß werden lassen.

3 Gib die Basiswürz-Zutaten hinein und rühre sie 30 Sekunden bei starker Hitze, bis sie angenehm duften.

4 Das Gemüse hinzufügen und unter ständigem Rühren 2 Minuten bei starker Hitze braten. Gib das Wasser dazu – vorsichtig, es kann zischen. Brate das Gemüse unter Rühren noch ein paar Minuten, bis es gerade gar ist.

5 Wok oder Pfanne vom Herd nehmen und das Gemüse mit Sojasauce würzen.

6 Auf Teller verteilen und mit Sesamsamen und Koriander bestreuen.

Versuche ein-
mal, Ingwer mit
einem Teelöf-
fel zu schälen.

Halte Wok oder
Pfanne am Griff
fest, während
du rührst.

Nicht länger,
damit der
Knoblauch
nicht anbrennt.

1

4

Gemüsepfanne mit Garnelen

Für dieses Gericht brauchst du rohe, geschälte Garnelen. Falls du Tiefkühl-Garnelen nimmst, musst du sie vorher im Kühlschrank langsam auftauen lassen.

Ich bereite dieses Rezept oft mit grünem Gemüse zu, etwa Spargel, grünen Bohnen und Zucchini. Nimm, was du magst.

1 x Rezept Gemüsepfanne (S. 74) +

200 g geschälte rohe Garnelen

abgeriebene Schale und Saft von
1 Limette

1 Bereite die Gemüsepfanne nach dem Rezept auf S. 74 zu.

2 Gib dabei die Garnelen mit dem Gemüse in Wok oder Pfanne. Brate sie etwas an und füge dann das Wasser hinzu. Nun so lange rühren, bis die Garnelen rosa und nicht mehr glasig sind.

3 Wok oder Pfanne vom Herd nehmen. Sojasauce, Sesamsamen und Koriander unter das Gericht mischen. Bestreue die Gemüsepfanne mit Limettenschale und gib den Limettensaft drüber, bevor du es servierst.

Mit Nudeln

Kurz vor dem Servieren gekochte chinesische Eiernudeln unter das Gericht rühren.

Gemüsepfanne mit Reis und Ei

4 PORTIONEN

Für dieses Gericht brauchst du einen großen Wok. Oder du kochst einfach zwei Portionen (beides geht sehr schnell).

250 g Reis (siehe S. 80)

500 ml Wasser

½ TL Salz

1 x Rezept Gemüsepfanne (S. 74)

2 Eier

2 TL Sesamöl

Brauchst du Hilfe? schlage auf S. 80 nach

1 Zuerst den Reis kochen. Wasche ihn in einem Sieb unter laufendem Wasser ab. Das gesalzene Wasser in einem Topf mit Deckel aufkochen, den Reis hineingeben, den Topf schließen und die Hitze herunterschalten. Den Reis je nach Sorte 15–25 Minuten garen. Den Herd ausschalten und den Reis abkühlen lassen, während du das Gemüse zubereitest.

2 Verquirle mit einer Gabel die Eier und das Sesamöl.

3 Bereite die Gemüsepfanne nach Rezept zu. Brate dabei den Reis mit dem Gemüse im Wok.

4 Wenn beides gar ist, drücke eine Vertiefung in die Mitte und gieße das Ei hinein. Nach ungefähr 10 Sekunden beginnt es zu stocken. Rühre das Ei nun mit dem Löffel unter die Reis-Gemüse-Mischung.

5 Gib zum Schluss (wie beim Rezept „Gemüspfanne" angegeben) Sojasauce, Sesamsamen und Koriander hinzu. Jetzt kannst du das Gericht servieren.

3

5

4

4

REIS

Reis gart in der doppelten Menge Wasser. Deshalb 1 Einheit Reis in 2 Einheiten Wasser kochen.

4 PORTIONEN

Naturreis kochen

Wird auch als brauner oder Vollkornreis bezeichnet. Aus gutem Grund, denn die Körner enthalten noch das Silberhäutchen und den Keimling (siehe S. 46). Gegarter Naturreis ist fester und viel geschmacksintensiver als weißer Reis.

2 Tassen Naturreis

4 Tassen Wasser

½ TL Salz

Wasche den Reis in einem Sieb unter fließendem Wasser. Bringe das Wasser mit Salz in einem geschlossenen Topf zum Kochen.

Gib den Reis hinzu und setze den Deckel wieder auf. Wenn das Wasser kocht, schalte die Hitze herunter und lass den Reis etwa 25 Minuten garen.

Danach den Deckel abnehmen und prüfen, ob der Reis gar ist. Vielleicht braucht er noch 5–10 Minuten im geschlossenen Topf. Wichtig: Falls kein Wasser mehr am Boden des Topfes sein sollte, füge noch etwa 2 EL hinzu.

Koche den Reis bei schwacher Hitze, bis er gar ist. Er sollte etwas zäh, aber weich in der Mitte sein. Schalte den Herd aus und lass den Reis im geschlossenen Topf noch 5 Minuten ruhen, bevor du ihn servierst. Die Körner sollten ziemlich zäh, aber weich in der Mitte sein.

Weißen Reis kochen

Weißer Reis ist schneller gar, weil die äußeren Schalenschichten entfernt wurden. Daher kann er klebrig werden, wenn du beim Kochen zu viel Wasser verwendest. Mit dieser Methode wird er immer schön locker.

2 Tassen Langkornreis

4 Tassen Wasser

½ TL Salz

Wasche den Reis in einem Sieb unter fließendem Wasser. Koche das Wasser mit Salz in einem geschlossenen Topf.

Gib den Reis in das kochende Wasser und setze den Deckel wieder auf. Wenn das Wasser kocht (du kannst es blubbern hören), schalte die Hitze herunter und lass den Reis 15 Minuten garen.

Nun den Herd ausschalten und den Reis im geschlossenen Topf noch mindestens 5 Minuten quellen lassen, bevor du ihn servierst.

Probiere ihn zu Fleischbällchen und Tomatensauce oder zu Chili con carne.

Passt zu Gemüsepfannen und Currygerichten.

PASTA

Spaghetti, Tagliatelle

Italienische Nudeln werden traditionell aus Hartweizen hergestellt. Früher machte man sie hauptsächlich in Form von Bändern, ähnlich wie Asia-Nudeln. Heute gibt es Pasta in Hunderten von Formen. Pastateig wird mit oder ohne Eier hergestellt und es gibt frische und getrocknete Pasta. Die Garzeiten sind sehr unterschiedlich. Schau auf der Packung nach.

Pasta kochen wie ein Profi

Man rechnet 100 g getrocknete Nudeln pro Person.

Nimm einen großen Topf und koche darin 1 Liter Wasser pro 100 g Nudeln auf.

Nun erst Salz hineinstreuen, das Wasser erneut aufkochen lassen und dann die Nudeln reingeben.

Lass sie nicht zu lange kochen. Am besten probierst du schon 1 Minute vor Ende der angegebenen Garzeit, ob die Nudeln gar sind. !!!! Nimm dafür eine Nudel aus dem Topf, lass sie kurz abkühlen und probiere sie. Sie sollte in der Mitte noch fest sein – Italiener mögen sie mit etwas Biss, das nennen sie „al dente".

Die Nudeln in einem Sieb abtropfen lassen. Bewahre etwas Nudelwasser auf, damit kannst du die Sauce noch verdünnen.

Dazu schmeckt selbst gemachte Tomatensauce (siehe S. 82), Hackfleischsauce (siehe S. 110), Pesto oder versuche mal ...

heißt auch „Sauce Bolognese"

Frische Tomaten-Basilikum-Sauce

2 Knoblauchzehen

4 EL natives Olivenöl extra

400 g Kirschtomaten

etwa 20 Basilikumblätter

1 Die Knoblauchzehen schälen und der Länge nach halbieren.

2 Die Hälften mit dem Olivenöl in eine große Pfanne geben. Auf den Herd stellen und den Knoblauch bei schwächster Hitze im Öl erwärmen – er soll nicht braten, sondern nur das Öl aromatisieren.

3 Halbiere die Kirschtomaten und gib sie in das warme Öl. Dadurch werden sie süßer und aromatischer.

4 Die Tomaten etwa 10 Minuten bei starker Hitze kochen. Nimm den Knoblauch danach mit einem Löffel heraus (er wird nicht mehr gebraucht).

5 Zerkleinere die Basilikumblätter. Dadurch werden sie nicht nur kleiner, sondern können auch ihr Aroma besser an die Sauce abgeben.

6 Die Sauce auf frisch abgetropfte Nudeln in einer Schüssel gießen, unterheben. Mit Parmesan servieren.

Tomatensauce

6–8 PORTIONEN

Unschlagbar gut zu Pasta, Fleischbällchen, Bohnen, Enchiladas und vielem mehr.

Wenn du diese Sauce ausprobierst hast, wirst du dir nicht mehr vorstellen können, warum man überhaupt fertige Tomatensauce aus dem Glas braucht. Dieses Rezept ist für viel Sauce berechnet. Du kannst sie bis zu 5 Tage im Kühlschrank aufbewahren oder auch einfrieren.

---

1 Zwiebel

2 EL Olivenöl

2 Knoblauchzehen

2 Dosen Tomaten (Füllmenge je 400 g)

1 Prise Salz

schwarzer Pfeffer

1 TL Zucker

---

1 Die Zwiebel schälen und klein hacken.

2 Das Öl bei schwacher Hitze in einer großen Pfanne erhitzen und die Zwiebel hineingeben. Brate sie 10 Minuten an und rühre dabei immer wieder um, bis sie ganz weich, aber noch nicht gebräunt ist.

3 Inzwischen die Knoblauchzehen schälen und hacken.

4 Zur Zwiebel geben und unter Rühren braten, bis sie duften.

Das bedeutet, dass sie kaum blubbern soll.

5 Gib nun die Tomaten aus der Dose, 1 Prise Salz, etwas Pfeffer und den Zucker hinzu. Die Sauce soll bei ganz schwacher Hitze ungefähr 30 Minuten köcheln. Rühre sie immer wieder um, damit sie nicht am Topfboden ansetzt.

6 Schmecke die Sauce ab und würze eventuell mit Salz, Pfeffer und Zucker nach, bis sie perfekt ist.

Super zu Pasta

ITALIENISCHE ART
6–8 Portionen

1 x TOMATENSAUCE +
3 Stängel Basilikum

Blätter vom Basilikum abzupfen und beiseitelegen. Gib die Basilikumstängel mit den Tomaten in die Sauce (wenn sie fertig ist, wieder herausfischen). Basilikumblätter kurz vorm Servieren in die Sauce geben.

Sooo lecker mit schwarzen Bohnen

MEXIKANISCHE ART
6–8 Portionen

1 x TOMATENSAUCE +
1 TL getrockneter Oregano
1 TL gemahlener Kreuzkümmel
1 TL geräuchertes Paprikapulver (scharf oder süß)

Oregano und Gewürze mit dem Knoblauch in die Pfanne geben. Wenn es in deiner Küche wie in einer mexikanischen Bar duftet (nach ca. 1 Minute), Tomaten unterrühren.

MAROKKANISCHE ART
6–8 Portionen

Super-lecker zu Fleischbällchen

1 x TOMATENSAUCE +
1 TL gemahlener Kreuzkümmel
½ TL gemahlener Zimt
1 TL Paprikapulver (nicht geräuchertes!)
1 Handvoll Korianderblätter, grob gehackt

Gib Kreuzkümmel, Zimt und Paprika zu dem Knoblauch in die Pfanne. Korianderblätter vor dem Servieren unter die Sauce mischen.

BAKED BEANS FÜR ERFINDER

4 Portionen als Beilage, 2 als Hauptgericht mit Brot

Für 1 Dose Bohnen (400 g Füllmenge) brauchst du nur die Hälfte der Tomatensauce. Koche die Bohnen in der Sauce ca. 10 Minuten, damit sie richtig warm werden. Hier sind ein paar klasse Kombinationen …

½ Rezept italienische Tomatensauce + 1 Dose weiße Bohnen

½ Rezept mexikanische Tomatensauce + 1 Dose schwarze Bohnen

½ Rezept marrokanische Tomatensauce + 1 Dose Kichererbsen

Heiße Favoriten

von ganz einfach bis ziemlich beeindruckend

Alles über Fisch

Fisch und Meeresfrüchte sind nicht nur lecker, sie sind auch unglaublich gesund. Für mehr als eine Milliarde Menschen auf der Welt ist Fisch die Hauptquelle für tierisches Protein.
Fisch enthält außerdem Vitamine und Mineralstoffe und ist ganz leicht zuzubereiten. Probiere doch mal Fisch „en papillote" auf S. 90.

Proteine sind wichtige Bausteine des Körpers – wir brauchen sie zum Wachsen und Regenerieren.

Gönne dir ab und zu knusprigen Backfisch mit Pommes.

Welchen Fisch soll man essen?

Es gibt mehr als 25.000 Fischarten, aber wir essen nur eine kleine Auswahl davon. Leider wurden die beliebtesten Sorten überfischt, weshalb wir unsere Meere stärker schützen müssen.

Du kannst etwas dazu beitragen, dass es weiterhin noch genügend Fische in den Meeren gibt ...

Iss möglichst unterschiedliche Fischsorten – nicht immer Kabeljau, Lachs oder Thunfisch.

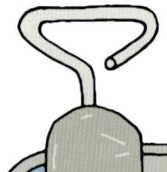

Sardinen aus der Dose auf Toast mit etwas Tomatensauce sind ein superschnelles, supergesundes und superleckeres Mittagessen.

Sardinen + Vollkorntoast + etwas Tomatensauce + für 5 Minuten in den Backofengrill – fertig!

Iss möglichst einmal in der Woche fettreichen Fisch, vor allem Makrele, Hering und Sardine. Davon gibt es genug in den Meeren und sie enthalten Omega–3–Fettsäuren, die gut für Herz, Hirn, eine reine Haut und glänzendes Haar sind.

Achte auf Gütesiegel, die nachhaltigen Fischfang garantieren, wie MSC. So werden die Ozeane nicht zerstört und Fischbestände oder andere Tierarten wie Vögel oder Delphine nicht ausgerottet.

Er sollte nach Meer und nicht nach altem Fisch riechen.

Fisch kaufen

Frischer Fisch sollte fest sein, glänzen und leuchtende Augen haben.
Fisch verdirbt schnell, daher solltest du ihn immer kühl halten und noch an dem Tag zubereiten, an dem du ihn gekauft hast.

Andere Meeres- spezialitäten

Wir essen nicht nur Fisch, es gibt auch …

MUSCHELN
wie Miesmuscheln, Jakobsmuscheln, Venusmuscheln und Strandschnecken oder so ungewöhnliche Kreaturen wie Oktopus und Tintenfisch.

KRUSTENTIERE
Krebse, Hummer, Garnelen und Shrimps schmecken tatsächlich süß. Vor dem Kochen sind sie meist grau oder blau und verfärben sich dann auf wunderbare Weise pink oder rot.

UND VERGISS NICHT DIE ALGEN
In China, Japan und Korea werden sie seit Jahrhunderten in großen Mengen verzehrt. Vielleicht hast du sie schon einmal in Sushi gegessen?

In westlichen Ländern wurden früher ebenfalls mehr Algen verzehrt, dann gerieten sie in Vergessenheit und jetzt sind sie wieder voll im Trend – nicht nur als Zutat in asiatischen Gerichten, sondern auch als Gewürz.

Du kannst ein paar Algen zerkleinern und über Salate oder andere Gerichte streuen und ihnen damit einen besonderen Geschmack geben.

Erzähl ihn mir!   Gut, wenn du dir einen besseren Fisch-Witz ausdenken kannst ...

Spanne deine Netze etwas weiter aus und versuche mal etwas Neues – vielleicht entdeckst du einen neuen Favoriten.

Ich liebe Fisch ... am besten frisch vom Haken!!

Fisch „en papillote"

(ausgesprochen „on papijote")

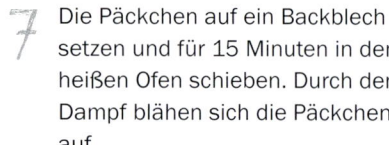

4 PORTIONEN

Das ist eine tolle Möglichkeit, Fisch im eigenen Saft mit einer Fülle von Aromen zu garen. „En papillote" ist französisch und bedeutet „in Pergamentpapier". Es klingt etwas vornehmer als „Fisch im Papierpäckchen".

Es macht Spaß, am Tisch das Papier zu öffnen! Wenn du diese einfache Garmethode verstanden hast, kannst du sie beliebig variieren.

> Du kannst den Fisch auch im Bratschlauch nach Rezept garen. Sieht beim Servieren zwar nicht so beeindruckend aus, schmeckt aber genauso gut.

---

4 Bögen Pergamentpapier oder Backpapier (je 40 x 40 cm)

Olivenöl zum Bepinseln

4 Tomaten

100 g grüne Bohnen, geputzt

Salz

4 Stück Fischfilet ohne Haut (je 160 g), von Schellfisch, Kabeljau, Seelachs, Hecht oder Lachs

2 Frühlingszwiebeln, geputzt und fein geschnitten

1 Handvoll Petersilie, Basilikum oder Dill

Saft von 1 Zitrone

---

1 Den Backofen auf 200 °C vorheizen.

2 Jedes Papierquadrat in der Mitte zusammenfalten und wieder aufklappen, so entsteht in der Mitte eine Falte. Die Papiere bis auf einen etwa 5 cm breiten Rand mit etwas Olivenöl bepinseln.

3 Schneide nun jede Tomate in etwa 5 Scheiben und verteile diese gleichmäßig auf die Papiere – immer rechts neben die Falte. Nun die grünen Bohnen daraufgeben und alles mit 1 Prise Salz würzen.

4 Eventuell vorhandene Gräten aus dem Fisch entfernen und die Stücke auf das Gemüse legen.

5 Mit den Zwiebelringen und den Kräutern bestreuen und mit etwas Zitronensaft beträufeln.

6 Verschließe das Päckchen, indem du die offene Seite rundherum im Abstand von 1 cm fingerbreit immer in dieselbe Richtung zusammenfaltest. Wenn du unten angekommen bist, das Papier zusammendrehen.

7 Die Päckchen auf ein Backblech setzen und für 15 Minuten in den heißen Ofen schieben. Durch den Dampf blähen sich die Päckchen auf.

8 Die Päckchen aus dem Ofen nehmen und auf einer Servierplatte oder auf Tellern servieren. Entweder jeder öffnet selbst sein Päckchen am Tisch oder du schneidest sie mit einer Schere oder einem Messer vorher auf.

VARIIERE DAS GEMÜSE Probiere das Rezept einmal mit Möhren, Zucchini, Zuckerschoten oder Erbsen anstelle der Bohnen. Nimm kleines Gemüse oder schneide größeres vorher in Scheiben bzw. Stifte, damit es schnell gar wird.

MIT PLATTFISCH Du kannst auch Filet von Plattfischen, wie Scholle oder Seezunge nehmen. Immer zwei übereinanderlegen, damit sie nicht zerkochen. Gute Idee: zwischen die Fischfilets noch 1 TL Pesto oder Tapenade geben.

3

5

Achtung:
Der
Dampf
ist heiß!

6

7

8

Hier geht es zur Thai-Variante →→→

Fisch „en papillote" auf thailändische Art

4 PORTIONEN

Wenn du die Päckchen-Technik verstanden hast, probiere doch einmal diese würzige Asia-Version aus!

4 Bögen Pergamentpapier oder Backpapier (je 40 x 40 cm)

Olivenöl zum Bepinseln

150 g Pak Choi, in mundgerechte Stücke geschnitten

150 g grüne Bohnen oder Zuckerschoten, geputzt

Salz

4 Stück Fischfilet (je 160 g), von Schellfisch, Kabeljau, Seelachs, Hecht oder Lachs

2 Frühlingszwiebeln, geputzt und fein geschnitten

1 cm frischer Ingwer, geschält und gehackt

1 Knoblauchzehe, geschält und fein gehackt

2 Stangen weiches Zitronengras, fein gehackt

1–2 rote Chilischoten, gehackt *

ein paar Basilikum- oder Korianderblätter

Saft von 1 Limette

2 EL Sojasauce oder Fischsauce

1 Den Backofen auf 200 °C vorheizen.

2 Fertige die Päckchen wie beim vorherigen Rezept an (siehe S. 90).

3 Lege die Pak-Choi-Blätter und Bohnen bzw. Zuckerschoten auf das Papier rechts neben die Falte. Würze das Gemüse mit Salz und lege den Fisch darauf.

4 Frühlingszwiebeln, Ingwer, Knoblauch, Zitronengras, Chili und Kräuter auf dem Fisch verteilen. Mit Limettensaft und Sojasauce beträufeln. Die Päckchen verschließen (siehe S. 90).

5 Im heißen Ofen 15 Minuten garen.

Schmeckt toll mit Reis oder Nudeln

* Teste: Wie scharf sind sie?

Gegrillter Lachs mit Orangen- marinade

4 PORTIONEN

Diese Marinade ist sehr einfach. Du brauchst allerdings etwas Hilfe am heißen Backofengrill.

Der gegarte Lachs soll Grillstreifen bekommen (wie auf einem Grillrost). Er schmeckt heiß oder kalt mit Nudeln, Reis, Gemüse oder auch Salat.

Du brauchst gute Ofenhandschuhe.

---

700 g Lachsfilet, in einem Stück

MARINADE

3 EL flüssiger Honig

Saft und abgeriebene Schale von 1 Bio-Orange

2 TL geriebener frischer Ingwer

4 EL Sojasauce

---

1 Gib alle Zutaten für die Marinade in ein Marmeladenglas, verschließe es mit dem Deckel und schüttele es kräftig.

2 Ein großes Stück Alufolie (etwa 50 x 30 cm) längs zusammenfalten, damit es doppelt so dick ist. Rundherum einen Rand hochschlagen und an den Ecken zusammendrücken. Die entstandene Fläche muss größer als der Fisch sein. Setze die Folienschale auf ein Backblech.

3 Nun die Folienschale innen mit Marinade bestreichen und den Lachs mit der Hautseite nach oben hineinlegen – er liegt jetzt mit der Innen- bzw. Grätenseite in der Flüssigkeit. Den Fisch mit Frischhaltefolie abdecken und etwa 30 Minuten bei Zimmertemperatur marinieren.

4 Den Backofengrill auf die höchste Stufe aufheizen.

5 Drehe den Fisch um – jetzt liegt er mit der Hautseite unten – und schiebe das Blech in den Ofen auf die obere Schiene. Den Fisch 6–8 Minuten grillen, bis die Oberseite zu karamellisieren beginnt (bräunlich wird).

6 Drücke mit einem Löffel auf die dickste Stelle des Lachses: Wenn er fertig ist, fällt das Fischfleisch an der Stelle leicht auseinander und ist opak (nicht mehr transparent), aber immer noch sehr saftig. Wenn das Fischstück sehr dick ist, braucht es ein paar Minuten länger.

7 Teile den Fisch zum Servieren mit einem Löffel in Stücke, er fällt fast von allein auseinander. Die Haut bleibt auf der Folie zurück.

8 Beträufle ihn mit etwas Garsud von der Folie, bevor du ihn mit Gemüse oder Asia-Nudeln servierst.

Iss dazu
Gemüse oder
Asia-Nudeln

Fantastische Chicken Wings

4 PORTIONEN

Die Marinade aus Honig, Sojasauce und Orange für den gegrillten Lachs (siehe S. 94) passt auch wunderbar zu Hähnchen. Lass nur den Orangensaft weg, aber bewahre die Orangenschale auf. So bekommst du eine Mischung, die gut am Huhn haften bleibt.

> Mariniere die Hähnchenflügel über Nacht, wenn du Zeit hast. Dann schmecken sie noch besser.

!!!!!

12–16 Hähnchenflügel

1 x Marinade aus Honig, Sojasauce und Orange (ohne Saft) – siehe S. 94

Salz und Pfeffer

---

1 Bitte beim Kauf den Geflügelhändler oder Fleischer, dass er die Spitzen von den Hähnchenflügeln abschneidet.

2 Lege die Hähnchenflügel in eine flache Schale oder in einen Gefrierbeutel und bestreiche sie mit der Marinade. Drehe sie um, damit sie rundherum Marinade aufnehmen. Gründlich die Hände waschen! Die Hähnchenflügel mit Frischhaltefolie abdecken (oder den Gefrierbeutel verschließen) und für mindestens 3 Stunden oder besser über Nacht in den Kühlschrank legen.

3 Den Backofen auf 200 °C vorheizen.

4 Die Hähnchenflügel nebeneinander auf ein beschichtetes Blech geben und 20 Minuten backen. Danach mit einer Zange umdrehen und weitere 20 Minuten backen, bis sie braun und knusprig sind.

5 Nimm sie aus dem Ofen (benutze dafür Ofenhandschuhe) und würze sie mit Salz und Pfeffer. Sie schmecken köstlich zu Salat, Quinoasalat (siehe S. 50), Nudeln oder Gemüse.

Noch mehr Würze

mit etwas Cayennepfeffer.

Auch gut

mit Chicken Drumsticks (Unterkeule). Achte darauf, dass sie gut durchgegart sind, bevor du sie servierst.

Oder iss sie gleich aus der Hand.

1

2

5

4

Ist das Hähnchen gar?

Wenn du Hähnchenfleisch isst, das nicht durchgegart ist, kannst du eine Lebensmittelvergiftung bekommen. Prüfe, ob es weiß und fest ist – dann ist es gar.

Fleisch ist lecker

Wir brauchen nicht unbedingt Fleisch zum Leben, aber es ist eine sehr gute Proteinquelle. Proteine sind Bausteine für den Körper, die wir zum Wachsen und für die Zellerneuerung brauchen. Nicht alle Menschen essen Fleisch. Es gibt viele Vegetarier auf der Welt, die Proteine aus Eiern, Milchprodukten, Bohnen und Nüssen beziehen, aber viele von uns essen einfach sehr gern Fleisch.

Auf der Welt werden sehr viele verschiedene Tiere verzehrt, hier die vier häufigsten.

Über 50 % des weltweit produzierten Schweinefleischs wird in China verzehrt, wo fast 1,5 Milliarden Menschen satt werden müssen!

Rinder

Hühner

Schweine

Schafe/Lämmer

Am meisten wird Schweinefleisch gegessen. Dazu gehört nicht nur das Kotelett. Auch Schinken, Speck und Würste bestehen aus Schweinefleisch.

Wenn du regelmäßig Fleisch in kleinen Mengen isst, schadet das nicht, solange du auch viel Gemüse isst. Bei verarbeitetem Fleisch in Form von Würsten, Schinken, Speck und Salami (die voller Salz sind) solltest du dich dagegen eher zurückhalten.

Fleisch – die Zukunft
Die Weltbevölkerung wächst und damit auch unser Appetit auf Fleisch. Wir müssen Futter anbauen, um all die Tiere, die wir essen, zu ernähren. Es wird allmählich unmöglich, die Nachfrage zu befriedigen, wenn wir unseren Planeten erhalten und die Tiere artgerecht halten wollen.

Denke mal darüber nach:

⭐ Lust auf einen Insekten-Burger? Mehr als 2 Milliarden Menschen auf der Welt essen täglich Insekten. Für die Erde ist das besser als Säugetiere zu halten.

⭐ Wissenschaftler versuchen, Fleisch im Labor herzustellen – das heißt in-vitro-Fleisch oder Laborfleisch. Für die Produktion wird weniger Energie verbraucht und Tiermast wird überflüssig.

⭐ Was hältst du davon, nur ein- oder zweimal die Woche Fleisch zu essen? Dann kannst du dir auch gute Qualität aus artgerechter Tierhaltung leisten.

⭐ Kannst du dir vorstellen, Vegetarier zu werden?

Würdest du Heuschrecken oder Würmer essen?

Wärest du einer der ersten, der für ein Schnitzel aus Laborfleisch ansteht?

Wird die Welt deinem Vorbild folgen?

Würdest du Fleisch sehr vermissen?

Fleisch komplett verwerten

Fleisch von Tieren aus artgerechter Haltung ist von guter Qualität und teuer. Daher sollte man dieses gute Fleisch in kleinen Mengen voll genießen und ansonsten vegetarische Mahlzeiten zu sich nehmen.

Tieren, die wir großziehen und essen, sollten wir mit Respekt begegnen. Und ihr Fleisch nicht verschwenden! Ein Braten ist für eine Familie eine tolle Mahlzeit. Dabei bleibt oft einiges Fleisch und auch Knochen für eine Brühe übrig. Probiere es mit einem Brathähnchen aus.

Ein ganzes Hähnchen braten

1 Den Backofen auf 190 °C vorheizen.

2 Das Hähnchen abwiegen und in eine Bratform legen.

3 Sieh im Bauch des Hähnchens nach, ob Innereien darin sind. Häufig sind sie in Plastikfolie eingewickelt – geschmolzenes Plastik schmeckt nicht gerade gut! Nimm sie raus und hebe sie für eine Brühe auf.

Es gibt noch andere essbare Teile des Geflügels wie Hals, Herz und Leber.

4 Halbiere 1 Bio-Zitrone und reibe die Schale dünn ab. Die Fruchthälften in das Hähnchen geben. Du kannst auch noch ein paar frische Rosmarin- oder Thymianzweige hinzufügen.

5 Gib 2 EL Olivenöl über das Hähnchen und wende es dann in der Form, damit es rundum vom Öl bedeckt ist. Der Vogel soll nun mit der Brust nach oben in der Form liegen; bestreue ihn mit 1 TL Salz.

6 Die Bratzeit hängt vom Gewicht ab: pro Kilogramm 45 Minuten.

7 Bevor du das Hähnchen aus dem Ofen nimmst, mach die Garprobe: Stich mit einem Spieß in eine Keule. Läuft klarer Saft heraus, ist das Fleisch gar. Außerdem sollte es weiß sein.

8 Das Brathähnchen ist fertig! Nimm es aus dem Ofen und lass es noch 10 Minuten ruhen, bevor dir ein Erwachsener hilft, es aufzuteilen.

und nicht mehr transparent.

Superidee

Teile das Brathähnchen auf 3 Mahlzeiten auf

Iss nicht alles auf einmal … ein paar übriggebliebene kalte Bissen schmecken in einem Blatt- oder Getreidesalat gut, oder auch auf einem Sandwich. Aus den Knochen kannst du eine Brühe kochen und daraus zum Beispiel eine Asia-Nudelsuppe kochen (siehe S. 64).

Versuch zu Hause auch andere Braten auf 3 Mahlzeiten zu verteilen.

Hähnchentopf

→ Wer ist das schon?

4 PORTIONEN

Wenn du nicht wild auf Abwasch bist, dann ist das hier dein Rezept! Alles kommt nämlich in eine große Form in den Ofen. Das ist so einfach und es gibt viele Varianten dazu. Du brauchst nur noch etwas gutes Brot, um die Sauce aufzutunken.

3 EL Olivenöl, Raps- oder anderes Öl

1 EL Butter

2 Zwiebeln

4–8 ganze Hähnchenschenkel (je nach Größe)

½ TL Salz und reichlich Pfeffer

+ Variante auf S. 103

↑ Hähnchenschenkel sind viel saftiger als Hähnchenbrust

1 Den Backofen auf 180 °C vorheizen.

2 Nimm eine große ofenfeste Form (meine ist 25 x 30 cm groß) und fette sie mit Öl und Butter ein.

3 Halbiere die Zwiebel (Wurzel dranlassen), schäle sie und schneide sie klein (siehe S. 13). Die Zwiebelhälften in die Form legen.

4 Überschüssige Haut von den Hähnchenschenkeln abschneiden. Die Schenkel mit den Händen in der Form im Öl wenden und mit der Haut nach oben hinlegen.

5 Bestreue das Fleisch mit Salz und Pfeffer und schiebe die Form für 10 Minuten in den Ofen.

6 Wähle jetzt eine Variante aus (siehe S. 102–103). Die entsprechenden übrigen Zutaten dafür in die Form geben und alles weitere 30 Minuten, bzw. bis die Hähnchenschenkel gar sind, im Ofen garen. Achte darauf, dass die Schenkel immer mit der Hautseite nach oben liegen, damit sie knusprig werden.

7 Teste, ob das Fleisch gar ist. Den Bratensaft abschmecken, vielleicht musst du mit Salz und Pfeffer nachwürzen.

Wasche jetzt deine Hände, das Messer und das Schneidebrett.

Prüfe immer, ob die Hähnchenschenkel ganz durchgegart sind. Drehe sie um und stich neben dem Knochen ein: Es muss klarer Saft herausfließen und das Fleisch darf nicht roh aussehen.

Das Rezept geht auf S. 102 weiter →

3

4

5

7

101

6

Auf spanische Art	**Auf provenzalische Art**	**Auf indische Art** nenn es Curryhähnchen, wenn du möchtest

Rezept Hähnchentopf +

2 rote oder gelbe Paprikaschoten, entkernt und in Streifen geschnitten

3 Tomaten, geviertelt

12 grüne oder schwarze Oliven, entsteint (nach Belieben)

1 gehäufter TL spanisches geräuchertes Paprikapulver

2 Dosen Limabohnen (Füllmenge 400 g), abgetropft

1 Gib alle Zutaten zu den Hähnchenteilen in die Form. Achtung, heiß. Alles miteinander mischen und die Hähnchenteile mit einem Löffel oder einer Zange mit der Haut nach oben auf die Bohnen legen.

2 Schiebe die Form noch einmal für 30–40 Minuten, bzw. bis das Fleisch gar ist, in den Ofen.

Rezept Hähnchentopf +

1 EL Dijonsenf

2 EL Weinessig

150 g Crème fraîche

3 Tomaten, geviertelt

2 Dosen Flageolet-Bohnen (Füllmenge jeweils 400 g), abgetropft

Blätter von 3 großen Stängeln Estragon

Ein paar Blätter zum Bestreuen des Gerichts beiseitelegen.

1 Verrühre den Senf mit dem Essig und der Crème fraîche und gib die Mischung mit den anderen Zutaten zu den Hähnchenteilen in die Form. Sie sollten oben liegen.

2 Schiebe die Form noch einmal für 30–40 Minuten, bzw. bis das Fleisch gar ist, in den Ofen. Bestreue das Gericht vor dem Servieren mit den einigen Estragonblättern.

Rezept Hähnchentopf +

2 Dosen Kichererbsen (Füllmenge jeweils 400 g), abgetropft

1 kleiner oder ½ großer Blumenkohl, in Röschen geteilt

2–3 EL mittelscharfes Currypulver

½ Dose Kokosmilch (200 ml)

1 große Handvoll Korianderblätter

1 Limette, geviertelt

Verwende den Rest aus der Dose für einen Porridge oder Smoothie.

1 Kichererbsen und Blumenkohl zu den Hähnchenteilen in die heiße Form geben. Alles mit den Gewürzen bestreuen und das Gemüse mit einem Löffel darin wenden. Setze die Hähnchenteile darauf und begieße sie mit Kokosmilch.

2 Schiebe die Form noch einmal für 30–40 Minuten, bzw. bis das Hähnchen richtig gar ist, in den Ofen. Fleisch und Gemüse mit Koriander bestreuen und mit Limette servieren.

Schmeckt gut mit Fladenbrot zum Auftanken der Sauce.

FLEISCH-BÄLLCHEN

Würze das Hackfleisch nach Belieben und forme Bällchen daraus. Wenn du die Technik einmal raus hast, kannst du mit Rezepten aus der ganzen Welt experimentieren.

Denk dran, vor und nach dem Arbeiten mit rohem Fleisch deine Hände zu waschen.

Einfache Fleischbällchen

ERGIBT CA. 20 STÜCK/4 PORTIONEN

Die Fleischmasse bleibt an feuchten Händen nicht kleben.

1 dicke Scheibe Weißbrot, ohne Rinde

100 ml Milch

225 g Rinderhackfleisch

225 g Schweinehackfleisch

1 Zwiebel, gehackt

3 EL glatte Petersilie, klein gehackt

1 kräftige Prise Salz

Pfeffer

2 EL Olivenöl

Du kannst ja deine Schwimmbrille aufsetzen, damit du nicht weinst.

1 Zupfe das Brot in Stücke und weiche es in einer kleinen Schale Milch ein.

2 Nun das Hackfleisch mit der Zwiebel, Petersilie, etwas Salz und Pfeffer in einer großen Schüssel vermengen.

3 Mit einer Gabel das Brot in der Milch zerdrücken und zur Hackfleischmasse geben.

4 Verknete nun alles sorgfältig mit sehr sauberen Händen.

5 Bevor du nun Bällchen formst, solltest du ein Probebällchen kosten. Dafür einen Löffel von der Masse abnehmen und in der Handfläche zu einem Mini-Burger flachdrücken.

6 Das Olivenöl in einer großen Pfanne erhitzen und den Mini-Burger ein paar Minuten auf jeder Seite braten, bis er durch ist. Lass ihn kurz abkühlen und probiere … Was meinst du? Fehlt noch Salz oder Pfeffer? Würze die Fleischmasse nach, falls nötig.

7 Forme aus der ganzen Hackfleischmasse walnussgroße Bällchen und lege sie auf einen Teller. Achte darauf, dass sie alle möglichst gleich groß sind, damit sie gleichzeitig gar werden.

8 Erwärme die Pfanne noch einmal bei starker Hitze und lege die Hälfte der Hackfleischbällchen vorsichtig hinein. Lass sie etwas braun werden, dann wenden, damit sie auch auf der anderen Seite bräunen. Die Bällchen mit einem Löffel aus der Pfanne nehmen und auf einen Teller legen. Die restlichen Bällchen braten.

9 Alle Bällchen wieder in die Pfanne geben und in 5 Minuten fest werden lassen. Teste ein Bällchen, indem du es durchschneidest. Falls das Fleisch noch rosa ist, lass es noch ein paar Minuten in der Pfanne.

Der Dampf muss abziehen können, sonst „schwitzen" die Bällchen und werden nicht braun.

Weitere Rezepte → → →

Auf italienische Art

Ergibt ca. 20 Stück/
4 Portionen

1 x REZEPT EINFACHE FLEISCHBÄLLCHEN + 1 Prise GETROCK-NETEN OREGANO mit der PETERSILIE zum Hackfleisch geben, dann Bällchen formen.

Serviere die Fleischbällchen mit Tomatensauce (siehe S. 83) und Spaghetti oder kurzer Pasta wie Penne oder Fusilli.

Reibe reichlich Parmesan oder Pecorino darüber.

Auch Cheddar passt gut.

Auf spanische Art

Ergibt ca. 20 Stück/
4 Portionen

1 x REZEPT EINFACHE FLEISCHBÄLLCHEN + 1 TL SÜSSES GE-RÄUCHERTES PAPRIKAPULVER und 1 Prise gemahlenen ZIMT mit Salz und Pfeffer zum Hackfleisch geben.

Wenn die Fleischbällchen gar sind, kannst du Tomatensauce (siehe S. 83) in die Pfanne geben und alles zusammen erwär-men.

Dazu schmeckt knuspriges Brot.

Auf marokkani-sche Art

Ergibt ca. 20 Stück/
4 Portionen

1 x REZEPT EINFACHE FLEISCHBÄLLCHEN mit Lammhack-fleisch anstelle von Schweine- und Rinderhack zubereiten + 2 TL RAS-AL-HANOUT zum Hackfleisch geben, dann Bällchen formen.

Serviere sie mit Couscous oder marokkanischer Tomatensauce und Kicher-erbsen (siehe S. 85).

KEIN RAS-AL-HANOUT?
Dann mische es dir aus
1 TL gemahlenem Kreuzkümmel,
1/2 TL Ingwerpulver und
1/2 TL Zimtpulver.

Vietnamesi-sche Fleisch-bällchen

ERGIBT CA. 20 STÜCK

Diese würzigen südostasiatischen Fleischbällchen werden ähnlich wie all die anderen hier zubereitet. Statt Brot und Milch wird jedoch Eiweiß verwendet, damit die Bällchen nicht auseinanderfallen.

500 g Schweinehackfleisch

3 Frühlingszwiebeln, geputzt und fein gehackt

1 Knoblauchzehe, geschält und zerdrückt

2 cm frischer Ingwer, geschält und gerieben

2 Eiweiß

1–2 TL kaltes Wasser

1 gute Prise Salz

Pfeffer

2 EL Öl

1 Hackfleisch, Frühlingszwiebeln, Knoblauch und Ingwer in eine große Schüssel geben.

2 Verquirle Eiweiße und Wasser mit einer Gabel. Das Ganze zur Fleischmischung schütten.

3 Salzen, pfeffern und alles miteinander verkneten.

4 Probiere: Aus der Hackmasse einen Mini-Burger formen und diesen in heißem Öl braten. Etwas abkühlen lassen, bevor du kostest. Fehlt noch etwas Salz und Pfeffer? Falls ja, würze die Fleischmasse nach.

5 Jetzt aus der Masse ungefähr 20 walnussgroße Bällchen formen.

6 Lege die Bällchen auf einen Teller, bedecke sie mit Frischhaltefolie und lass sie im Kühlschrank ruhen, wenn du Zeit hast. Zuerst in 2 Portionen braun anbraten, dann gemeinsam in der Pfanne weiterbraten, bis sie durchgegart sind.

7 Serviere die Bällchen mit Reis oder gegartem Gemüse oder probiere diese Vorschläge hier aus …

Erinnerst du dich? Die Masse bleibt an feuchten Händen nicht kleben.

Scharfer Dip

1 Knoblauchzehe, geschält und zerdrückt

4 EL Fischsauce (oder Sojasauce)

Saft von 1 Limette

3 EL feiner Zucker

1–2 scharfe Chilischoten, sehr fein geschnitten (!!!! Achtung SCHARF – nach und nach zugeben und dann probieren!)

Alle Zutaten für die Sauce in einer Schüssel verrühren, die Chilischoten nach und nach zugeben.

Die Sauce soll süßsauer, salzig und scharf sein.

Vietnamesische Salatröllchen

20 Salatblätter (z. B. Eisberg- oder Romanasalat)

40 Minzblätter

Stelle Teller mit Fleischbällchen, Salatblättern, Minzblättern und dem Dip auf den Tisch.

Jeder wickelt nun die Bällchen in die Salatblätter, taucht die Röllchen in den Dip und genießt.

Jetzt bist du ein Fleischbällchen-Profi!

Ragù, Ragout oder Hackfleischsauce

Eine wirklich leckere Fleischsauce, die zu vielen Gerichten passt. Wenn du das Rezept hier beherrschst, kannst du viele tolle Mahlzeiten zubereiten.

2 EL Olivenöl oder Butter

4 Scheiben ungeräucherter Speck, in Stückchen geschnitten

1 Zwiebeln, geschält und fein gehackt

1 Möhre, geschält und fein gehackt

1 Stange Sellerie, fein gehackt

2 Knoblauchzehen, geschält und zerdrückt

500 g Rinderhackfleisch

200 ml Vollmilch

1 Dose gehackte Tomaten (400 g)

2 EL Tomatenmark

100 ml Rotwein (oder Rinderbrühe)

Salz und Pfeffer

1 Lorbeerblatt

1 Das Olivenöl in einer Pfanne erhitzen und den Speck darin in etwa 2 Minuten knusprig braten.

2 Gib Zwiebel, Möhre und Sellerie in die Pfanne. Alles 10 Minuten braten, bis die Zwiebel glasig ist. Dabei ab und zu umrühren.

3 Rühre den Knoblauch unter. Sobald er zu duften beginnt, das Hackfleisch mit den Händen hineinstreuen. (Hände waschen!) Bei starker Hitze 5 Minuten braten.

4 Anschließend die Milch zum Fleisch gießen und die Mischung 10 Minuten köcheln lassen. Nun gib Tomaten, Tomatenmark und Wein sowie 1 gute Prise Salz, etwas Pfeffer und das Lorbeerblatt dazu. Die Mischung aufkochen lassen, die Pfanne mit dem Deckel zudecken und alles mindestens 45 Minuten bei schwacher Hitze köcheln lassen.

5 Die Sauce abschmecken, bevor du sie servierst. Denke daran, die Gewürze immer nach und nach zuzugeben und zwischendurch zu probieren.

... also durchsichtig.

Wenn die Sauce zu trocken wird und am Pfannenboden ansetzt, füge einfach noch ein halbes Glas Wasser hinzu und rühre alles gut um.

In einer italienischen Küche köchelt ein Ragù oft den ganzen Tag auf dem Herd vor sich hin, wodurch das Aroma immer intensiver wird. Du kannst die Pfanne mit Deckel (ofenfest natürlich!) auch für 3 bis 4 Stunden in den 130 °C heißen Backofen stellen.

Und wenn du das Rezept beherrschst, wie wäre es dann mit …

Weitere Zutaten ins Ragù?

Gib zerdrückte Kürbiswürfel mit dem Hackfleisch in die Pfanne. Dadurch wird die Sauce besonders cremig.

Gib 2 Minuten vor Ende der Garzeit ein paar Zucchiniwürfel mit 1 Handvoll gehackter Petersilie oder Basilikum zum Ragù.

Mische abgetropfte weiße Bohnen aus 1 Dose (Füllmenge 400 g) und etwas fein gehackten Rosmarin unter die Sauce.

Das schmeckt zum Ragù

Serviere es mit viel geriebenem Parmesan als Sauce Bolognese zu gekochten Spaghetti oder kurzer Pasta wie Penne oder Fusilli.

Genieße es mit Ofenkartoffeln.

Oder verwandle es in …

Chili con carne oder einen Hackfleischauflauf

so geht's

Chili con carne

4 PORTIONEN

Ragù + Bohnen + Gewürze + Koriander = Chili con carne

Vielleicht hast du Appetit auf eine schärfere Hackfleischsauce. Denke trotzdem daran, das Chilipulver vorsichtig zu dosieren. Du kannst ja eine Portion extrascharfe Sauce separat servieren.

Bewahre ein paar Blätter zum Garnieren auf.

Rezept Hackfleischsauce (siehe S. 110)

1 TL gemahlener Kreuzkümmel

1 TL Oregano

¼ TL Chilipulver (du kannst immer noch mehr dazugeben)

1 kleines Bund Koriander

1 Dose rote Kidneybohnen oder schwarze Bohnen, abgetropft (Füllmenge 400 g)

---

1 Bereite die Hackfleischsauce zu (siehe S. 110). Brate Speck und Gemüse wie beschrieben an und füge dann den Kreuzkümmel, den Oregano und das Chilipulver mit dem Knoblauch hinzu. Wenn die Gewürze duften (und du wegen des Chilis nach Luft schnappen musst), gib das Hackfleisch in die Pfanne.

2 Brate das Fleisch ein paar Minuten an.

3 Die Korianderblätter sehr fein hacken und mit den Dosentomaten, dem Tomatenmark, dem Wein (oder der Brühe) sowie Salz und Pfeffer in die Pfanne geben.

4 Die Sauce 30 Minuten köcheln lassen. Mische nun die Bohnen darunter. Koche alles noch 15 Minuten und serviere es mit einer der folgenden Kombinationen.

Zu scharf?

Iss einen großen Löffel Joghurt oder trink einen guten Schluck Milch. Wasser hilft nicht – das wirbelt nur das brennende Capsaicin im Mund herum. Das Milchprotein Casein bindet dagegen Capsaicin und spült es weg.

Saure Sahne / Guacamole / geriebener Cheddar

+

Ofenkartoffeln / Reis / Tortilla

+

Limettenscheiben

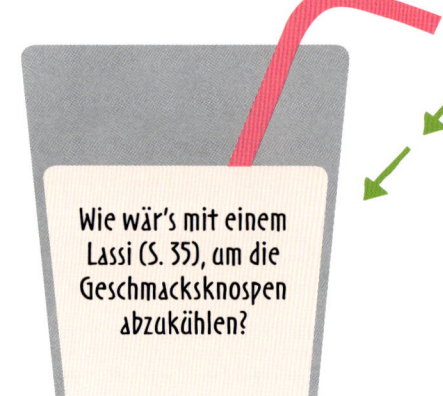

Wie wär's mit einem Lassi (S. 35), um die Geschmacksknospen abzukühlen?

Kartoffelbrei

4 PORTIONEN

Schäle die Kartoffeln am besten nicht, dann sind sie aromatischer und besonders gesund.

900 g große Kartoffeln

Salz

4 EL Butter

150 ml Milch

1 Die Kartoffeln unter Wasser abschrubben oder schälen. Schneide sie in Viertel oder große Stifte und gib sie mit 1 Prise Salz in einen Topf mit kaltem Wasser.

2 Das Wasser bei starker Hitze zum Kochen bringen, dann die Kartoffeln bei schwächerer Hitze in etwa 15 Minuten weich kochen.

3 Garprobe: Stich mit einem Messer oder Spieß in eine Kartoffel – die Mitte sollte weich sein. Falls nicht, die Kartoffeln noch 1–2 Minuten kochen und die Garprobe wiederholen.

Trage dabei Ofenhandschuhe – und denke daran: Wasserdampf ist heiß.

4 Gieße die Kartoffeln über der Spüle in ein Sieb ab.

5 Schüttle das Sieb, damit das Wasser besser abtropft. Die Kartoffeln wieder in den (noch) warmen Topf geben. Die Butter hinzufügen und schmelzen lassen. Zerdrücke die Kartoffeln nun mit dem Kartoffelstampfer.

6 Die Milch zugießen und den Kartoffelbrei mit einem Kochlöffel cremig rühren.

7 Abschmecken und mit Salz und etwas Pfeffer nachwürzen, wenn du möchtest.

Rühre etwas saure Sahne, Frischkäse, geriebenen Käse oder 1 Handvoll Schnittlauchröllchen unter.

Hackfleisch-auflauf

4 PORTIONEN

Ragù +
Kartoffelbrei =
Hackfleischauflauf

1 x Rezept Hackfleischsauce
(siehe S. 110)

2 EL Worcestershiresauce

1 x Rezept Kartoffelbrei
(siehe links)

2 EL Semmelbrösel

2 EL Butter

1 Den Backofen auf 190 °C vorheizen.

2 Bereite die einfache Hackfleischsauce zu und würze sie mit 2 EL Worcestershiresauce. Nimm das Lorbeerblatt heraus.

3 Fülle die Fleischmischung in eine ofenfeste Form (etwa 25 x 25 cm); sie sollte ungefähr zur Hälfte voll sein.

4 Verteile den Kartoffelbrei vorsichtig darüber. Wenn du alles auf einmal daraufgibst, versinkt er im Hackfleisch. Streiche ihn gleichmäßig mit dem Rücken einer Gabel darauf.

5 Die Semmelbrösel auf den Kartoffelbrei streuen und darauf die Butter in Stückchen setzen.

6 Die Form in den Ofen schieben und den Auflauf 30 Minuten backen, bis er oben gebräunt und knusprig ist. (Wenn du den Auflauf schon früher gemacht hast und er aus dem Kühlschrank kommt, dauert es 40 Minuten.)

Champ

4 PORTIONEN

Pass auf, dass die Milch nicht überkocht.

So heißt dieses Kartoffelpüree aus Irland.

1 x Rezept Kartoffelbrei
(siehe links)

5 Frühlingszwiebeln, geputzt und in Ringe geschnitten

Salz und Pfeffer

1 Koche die Kartoffeln wie zuvor und püriere sie mit der Butter. Erwärme währenddessen in einem Topf die Milch mit den Frühlingszwiebelringen.

2 Rühre die Milch mit den Frühlingszwiebeln unter das Kartoffelpüree und schmecke es ab. Würze mit Salz und Pfeffer nach, wenn du möchtest.

Gib mit den Frühlingszwiebeln noch 200 g gefrorene Erbsen in die Milch.

117

Ofenkartoffeln

4 PORTIONEN

Im Ofen gebackene Kartoffeln sind nicht nur lecker und machen satt, sondern auch gesund. Iss die Schale mit – sie steckt voller Ballaststoffe.

Die halten dich ziemlich lange satt.

1 mittelgroße Kartoffel pro Person

1 TL Olivenöl

Salz

Butter oder natives Olivenöl extra, zum Servieren

1 Den Backofen auf 200 °C vorheizen.

2 Wasche die Kartoffeln und trockne sie ab. Schneide jede Kartoffel auf einer Seite ein, an der kannst du sie dann später öffnen.

3 Nun 1 TL Olivenöl auf eine Handfläche geben und die Kartoffel damit rundherum einreiben. Streue 1 Prise Salz auf jede Kartoffel, auf dem Öl bleibt es haften.

4 Kartoffeln auf einem Backblech im heißen Ofen, je nach Größe, in 1–1 ½ Stunden weich backen.

5 Garprobe: Stich mit einer Gabel in jede Kartoffel. Sie sollten innen weich und außen knusprig sein.

6 Die Kartoffeln am Einschnitt öffnen und mit etwas Butter oder Olivenöl servieren. Oder

Das ist der Trick für eine knusprige Schale.

Zweimal gebackene Kartoffeln

4 PORTIONEN

Sie sind ist eine ganze Mahlzeit, vor allem, wenn du Salat dazu servierst.

Du hast die Wahl!

1 Wenn die Kartoffeln (siehe oben) gebacken sind, lass sie mindestens 10 Minuten abkühlen. Den Ofen nicht ausschalten.

2 Die Kartoffeln halbieren und mit einem Löffel ungefähr zwei Drittel des Fleisches herausnehmen. Vorsicht: Sie sind noch heiß und du willst dich ja nicht verbrennen.

3 Vermische das Kartoffelfleisch mit Käse, Grünzeug und Butter.

(PRO KARTOFFEL)

25 g Käse (z. B. Frischkäse, Cheddar oder Emmentaler, Ziegenkäse oder Blauschimmelkäse)

etwas gehackten Schnittlauch oder Frühlingszwiebeln in Ringen

1 EL Butter

4 Die Füllung in die Kartoffeln geben, mit Käse bestreuen. Kartoffeln für 15 Minuten bzw. bis sie heiß sind wieder in den Ofen stellen.

Du kannst auch noch gewürfelten Speck oder Kochschinken, Pesto oder was immer du gern isst untermischen.

mit Rohkostsalat
(S. 38), Guacamole
(S. 52), Bohnensalat
(S. 44), Ragù (S. 110),
Chili con carne (S. 114),
Baked Beans (S. 85) …
es gibt so viele Möglich-
keiten!

Tolle Backideen

zum Naschen und Verschenken

Irisches Sodabrot

ERGIBT 1 GROSSEN LAIB

Das ist ein wunderbares Brot für Anfänger, weil es so leicht und schnell gemacht ist. Es wird ohne Hefe gebacken, stattdessen sorgt Natron dafür, dass das Brot aufgeht.

500 g Vollkornmehl und etwa 3 EL zum Bestäuben

1 TL Salz

1 gehäufter TL Natron (Speisenatron)

1 EL Zitronensaft

400 ml Milch

1 EL Zuckerrübensirup

2 TL Honig

Etwas Küchen-Chemie

Wenn du basisches Natron und sauren Zitronensaft vermischst, entsteht eine chemische Reaktion, bei der Gas (Kohlendioxid) freigesetzt wird. Dadurch geht das Brot auf.

1 Den Backofen auf 200 °C vorheizen.

2 Mehl, Salz und Natron in einer großen Schüssel mit sauberen Händen vermischen. Drücke in die Mitte der Mehlmischung eine Vertiefung.

3 Gib zuerst den Zitronensaft zur Milch, dann Sirup und Honig. Alles mit einer Gabel durchrühren, bis sich Sirup und Honig aufgelöst haben.

4 Nun die Milchmischung zur Mehlmischung gießen und dabei mit einem Kochlöffel rühren, bis ein zäher, klebriger Teig entstanden ist.

5 Bestäube die Arbeitsfläche oder eine saubere Tischplatte mit etwa 3 EL Mehl und gib den Teig aus der Schüssel mithilfe eines Löffels darauf. Bemehle deine Hände und forme den Teig zu einer Kugel. Die Kugel sorgsam umdrehen.

6 Ein Backblech mit etwa 1 EL Mehl bestäuben. Lege die Teigkugel darauf und forme sie zu einem 5 cm hohen Kreis.

7 Mit einem Messer ein Kreuz tief in die Teigoberfläche schneiden und das Blech sofort in den Ofen schieben.

8 Das Brot 50 Minuten backen, oder solange bis es hohl klingt, wenn du auf die Unterseite klopfst.

9 Brot auf einem Gitter abkühlen lassen.

Der Teig ist sehr weich.

Nach altem irischen Brauch heißt es, dass man mit dem Kreuz das Brot segnet und die bösen Geister vertreibt!

Wie wär's, wenn du den St.-Patrick's-Tag am 17. März mit einem Brot feierst?

(6)

ROSINEN-BROT

Gib noch 1 Handvoll Rosinen zum Teig – am besten gleich am Anfang mit unter die Mehlmischung streuen.

KÖRNER-BROT

Füge 3 EL Körner wie Kürbiskerne, Sonnenblumenkerne, Sesam- oder Mohnsamen hinzu. Wähle nach deinem Geschmack und gib den Körner-Mix gleich am Anfang unter die Mehlmischung.

WEISSBROT

Nimm für ein helles Brot weißes Mehl anstelle von Vollkornmehl.

ORIGINAL IRISCH

Für ein echt irisches Brot kannst du für den Teig anstelle von Milch und Zitronensaft auch Buttermilch (gut 400 ml) nehmen.

Sodabrot schmeckt mit Butter und Honig besonders gut. Probiere es mal mit Hummus (S. 54), Guacamole (S. 52) oder Frischkäse und Räucherlachs für einen gesunden Snack.

(7)

IDEEN FÜR EIN BELEGTES BROT
Die Skandinavier mögen diese verlockenden Sandwiches.

eine Scheibe Brot oder Toast

+

Frischkäse / Hummus / Guacamole

+

Erbsen (frisch aus der Schote) / gehackte Gurke / gewürfelte Tomate

+

abgestreifte Kräuterblättchen / Körner / gehackte Nüsse

Bananenbrot

ERGIBT 1 LAIB

Mit diesem Rezept kannst du gut überreife Bananen verwerten. Es ist kein richtiges Brot, eher eine Art Kuchen, der in einer Kastenform gebacken wird. Einen Handmixer brauchst du hierfür nicht, ein Schneebesen reicht.

Am besten das Backpapier so zurechtschneiden, dass es längs in die Form passt und über die Seiten hängt.

Du brauchst eine Kastenform (24 x 12 x 6 cm)

150 ml Oliven-, Sonnenblumenöl oder geschmolzene Butter, und etwas zum Ausfetten der Form

75 g Haselnüsse, Walnüsse, Pekannüsse oder Mandeln

200 g hellbrauner Zucker

2 Eier

½ TL gemahlene Vanille

350 g reife Bananen (ohne Schale gewogen, das sind je nach Größe 3–5 Bananen)

225 g Mehl

½ Päckchen Backpulver

1 Prise Salz

1 Den Backofen auf 170 °C vorheizen.

2 Die Backform mit Backpapier auslegen, die schmalen Seiten mit Öl oder Butter einpinseln.

3 Röste die Haselnüsse auf einem Backblech etwa 5 Minuten im Ofen, bis sie nussig duften. Achte darauf, dass sie nicht verbrennen. Dann abkühlen lassen und grob hacken.

4 Gieße das Öl (oder die geschmolzene Butter) mit Zucker, Eiern und Vanille in eine große Schüssel. Vermische alles mit einer Gabel.

5 Die geschälten Bananen in eine zweite Schüssel geben und mit einer Gabel zerdrücken. Es macht nichts, wenn noch ein paar Klumpen bleiben.

6 Gib das Bananenmus mit den Nüssen zur Eiermischung und verrühre alles gut.

7 Mehl, Backpulver und Salz mischen, dann auf die Eiermischung geben. Nun verrühre alles mit einem Kochlöffel oder Schneebesen zu einem glatten Teig. Fülle ihn sofort in die Form und stelle sie auf die mittlere Schiene des heißen Ofens.

8 Das Bananenbrot etwa 50 Minuten backen, bis es fest ist. Test: Stecke einen Spieß in die Mitte des Brots und ziehe ihn wieder heraus. Wenn kein Teig mehr daran klebt, ist das Brot gar. Ansonsten muss es noch weiterbacken.

Wenn du Sorge hast, dass das Brot zu dunkel wird, decke es mit Alufolie ab.

Etwas Küchen-Chemie

Hier darfst du keine Zeit verlieren, denn das Backpulver reagiert, sobald es mit der feuchten Bananenmischung zusammentrifft. Es entstehen Luftbläschen, was den Teig in die Höhe treibt und den Kuchen locker und luftig macht.

Bananen-Schokoladen-Brot

1 x Rezept Bananenbrot – Nüsse + Schokolade = nussfreies Brot

Nüsse weglassen und stattdessen 100 g Zartbitter- oder Milchschokolade zugeben.

Hacke die Schokolade oder brich sie in kleine Stücke.

Rühre sie mit den Bananen in den Teig.

Du kannst auch Schokolade und Nüsse zum Teig geben.

Nicht die weiße, innere Schale abreiben! Die schmeckt ziemlich bitter.

DAS WORT „BANANE" STAMMT AUS DEM ARABISCHEN. „BANAN" BEDEUTET „FINGER".

Bananen-Kokos-Brot mit Limettenguss

1 x Rezept Bananenbrot + Kokos und Limette = exotisches Aroma

2 Limetten

100 g Kokosraspel anstelle von Haselnüssen

85 g Puderzucker

Reibe die Limettenschale mit einer feinen Reibe ab.

Die Limettenschale und die Kokosraspel mit den zerdrückten Bananen in den Teig rühren.

Bereite den Guss vor.

Die Limette auspressen. Den Saft in einem Schälchen mit dem Puderzucker verrühren (nimm eine Gabel zum Rühren). Das fertige Brot aus dem Ofen nehmen, aber lass es noch in der Form. Stich es auf der Oberseite mehrfach mit einem Spieß oder einem Zahnstocher ein und gieße den Guss darüber.

Gingerbread-Kekse

Diese Kekse sind wunderbar knusprig und schmecken zu jeder Jahreszeit. Zu Weihnachten kannst du sie an den Christbaum hängen.

350 g Mehl und etwas zum Bestäuben

1 TL Natron

2 TL Ingwerpulver

100 g Butter

175 g heller Muscovado- oder anderer brauner Zucker

1 Ei (Größe M)

4 EL heller Sirup (aus Invertzucker)

1 Den Backofen auf 190 °C vorheizen.

2 Das Mehl in eine Schüssel sieben. Natron und Ingwer hinzufügen.

3 Die Butter in winzige Stücke schneiden und unter die Mehlmischung rühren.

4 Verteile die Butterstückchen mit den Fingerspitzen unter das Mehl, und zwar so lange, bis keine mehr zu sehen sind. Das dauert etwas. Mische nun den Zucker unter.

5 Das Ei in eine Tasse aufschlagen und den Sirup dazugeben. Verquirle alles gut mit einer Gabel und gieße die Ei-Sirup-Mischung zu den Zutaten in die Schüssel.

6 Verrühre zuerst alles mit einem großen Kochlöffel und knete dann mit den Händen weiter, bis ein glatter Teig entsteht. Den Teig in zwei Hälften teilen.

7 Bestäube die Arbeitsfläche oder eine saubere Tischplatte mit Mehl, die Teigrolle ebenfalls bemehlen. Den Teig ausrollen.

8 Wenn er 5 mm dick ist, kannst du mit dem Ausstechen beginnen. Nimm eine oder verschiedene Formen zum Ausstechen.

9 Belege zwei Backbleche mit Backpapier und verteile darauf die Kekse, dazwischen immer etwas Platz lassen. Die Kekse etwa 10 Minuten im heißen Ofen backen, bis sie leicht braun sind und trocken aussehen.

10 Die Bleche aus dem Ofen nehmen und die Kekse in 2 Minuten auf dem Blech fester werden lassen. Zum vollständigen Abkühlen vorsichtig mit einer Palette auf ein Kuchengitter setzen.

11 Verziere die Kekse nach Lust und Laune! Du kannst sie in einer verschlossenen Dose ein paar Wochen lang aufbewahren.

Figuren aus Gingerbread

Das ist keine neue Erfindung. Figuren aus gewürztem Teig (z. B. auch aus Honig- oder Lebkuchenteig) kennt man schon seit dem Mittelalter.

Stich den Teig mit einer Männchenform aus und lege die Figuren auf ein mit Backpapier belegtes Blech. Drücke als Augen 2 Rosinen in den Teig und 3 für die Knöpfe. Mit einem Spieß den Mund einritzen und die Männchen 10 Minuten backen.

Double-Ginger-Kekse

Dafür brauchst du 2 Stücke Ingwer in Sirup eingelegt (gibt's im Glas).

Diese sehr fein hacken. Verteile ein paar Stücke davon auf die Kekse, bevor du sie in den Ofen schiebst.

Weihnachtsplätzchen

Tolles Geschenk!

Nach dem Gingerbread-Rezept kannst du gut Plätzchen für besondere Gelegenheiten backen. Speziell für Weihnachten, solltest du einmal diese Variante versuchen.

Gib ½ TL gemahlenen Zimt und je 1 kräftige Prise geriebene Muskatnuss sowie gemahlene Nelke mit dem Ingwer zum Teig.

Verwende zum Ausstechen Formen wie Schneeflocken, Herzen und Sterne. Wenn du die Kekse aus dem Ofen geholt hast, stich sofort mit einem Spieß oben ein Loch hinein, damit du sie aufhängen kannst.

Dekoriere die Plätzchen mit Glasur (siehe S. 143) und Streuseln. Hänge sie dann mit einem einfachen Geschenkband oder mit Bakers' Twine auf.

Bedenke, dass bunte Farben lustig wirken — Weiß und Silber sorgen dagegen für einen edlen Touch.

Schokoladen-Muffins mit Roter Bete

ERGIBT 12 STÜCK

Es mag dir etwas komisch vorkommen, süße Muffins mit Gemüse zu backen, aber dadurch werden sie wunderbar saftig. Du hast sicherlich schon mal Rüblitorte gegessen und das Gemüse gar nicht geschmeckt! So ist das bei diesen Muffins auch.

7 EL Öl (mildes Olivenöl, geschmolzene Butter geht auch) und ein wenig zum Ausfetten der Muffinform

200 g brauner Zucker

2 Eier (Größe M)

4 EL Naturjoghurt

200 g Mehl

½ Päckchen Backpulver

3 EL Kakaopulver

200 g Rote Bete, gründlich gewaschen

100 g Zartbitterschokolade (mind. 60 % Kakaoanteil)

1 Den Backofen auf 170 °C vorheizen.

2 Die Mulden eines 12er-Muffinblech ausfetten oder Papierförmchen hineinlegen, wenn du möchtest.

3 Verrühre in einer großen Schüssel den Zucker, das Öl oder die Butter, die Eier und den Joghurt mit einem Kochlöffel zu einer cremigen Masse.

4 Mische in einer anderen Schüssel Mehl, Backpulver und Kakaopulver.

5 Schneide die Wurzel von der Roten Bete ab und rasple die Bete mit der Schale auf dem groben Teil der Rohkostreibe, damit sie nicht zu fein wird.

6 Hacke die Schokolade in kleine Stücke (falls du keine Schokotröpfchen nimmst).

7 Gib die Mehlmischung, die Schokolade und die geraspelte Bete zur Eiermasse und verrühre alles zügig miteinander. Wenn noch Klümpchen zu sehen sind, ist das nicht schlimm. Sobald das Mehl gut vermischt ist, kannst du mit einem Löffel den Teig in die Mulden bzw. Papierförmchen füllen.

8 Backe die Muffins 25–30 Minuten im heißen Ofen, bis sie aufgegangen sind. Teste mit einem Spieß, ob sie ganz durchgebacken sind (in den Muffin stechen und wieder rausziehen; wenn kein Teig mehr daran klebt, sind die Muffins fertig).

9 Lass sie auf einem Kuchengitter ein wenig abkühlen. Warm schmecken sie absolut köstlich.

Pass auf deine Finger auf und binde dir eine Schürze am — Rote Bete färbt.

Zu viel Rühren = schwere, zähe Muffins.

Es gibt ein altes Sprichwort, das besagt, wenn ein Mann und eine Frau von derselben Roten Bete essen, verlieben sie sich – passt also gut auf, mit wem du deine Muffins teilst!

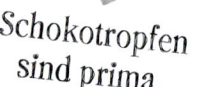

Schokotropfen sind prima.

Zucchini-Mais-Muffins mit Käse

ERGIBT 12 STÜCK

Sie werden wie ihre süßen Schwestern gemacht: trockene und feuchte Zutaten erst kurz vor dem Backen zügig mischen und die Muffins sofort in den Ofen schieben.

Wenn Backpulver auf Feuchtigkeit trifft, geht der Teig auf – du willst doch, dass das im Ofen und nicht in der Schüssel passiert?!

7 EL Oliven-, Raps- oder Sonnenblumenöl und ein wenig zum Ausfetten der Muffinform

2 Eier (Größe M)

4 EL Naturjoghurt (aus Vollmilch)

200 g Mehl

½ Päckchen Backpulver

200 g Zucchini, gründlich gewaschen

100 g reifer Cheddar oder eine Mischung aus Cheddar und Parmesan

100 g Maiskörner, gefroren oder aus der Dose

2 EL Kürbis- oder Sonnenblumenkerne

1 Den Backofen auf 170 °C vorheizen.

2 Die Mulden eines 12er-Muffinblechs ausfetten oder Papierförmchen hineinlegen.

3 Gib Öl, Eier und Joghurt in eine große Schüssel und vermische alles mit einer Gabel.

4 Mische Mehl und Backpulver in einer anderen Schüssel.

5 Rasple die Zucchini und den Käse mit der groben Reibe.

← Keine geriebenen Finger, danke!!

6 Mehl, Zucchini, Käse und Mais zur Eiermasse geben und alles zügig vermischen. Die Masse sofort mit einem Löffel auf die Mulden bzw. Papierförmchen verteilen und mit den Kernen bestreuen.

7 Die Muffins 25–30 Minuten backen (oder bis sie fertig sind).

Mache die Stäbchenprobe.

Weitere Rezeptideen

Nimm einen anderen Käse – jeder Hartkäse eignet sich.

Ersetze die Zucchini durch Kürbis, Möhre oder Rote Bete.

Ersetze den Mais durch Nüsse.

Ein Teelöffel fein gehackter Thymian oder Rosmarin passt hier gut.

Bestreue die Muffins mit Haferflocken statt mit Körnern.

Verwende für besonders gesunde Muffins Vollkornmehl.

DER KUCHEN

Nach diesem einen Rezept und mit zwei 20 cm großen Springformen kannst du unglaublich viele verschiedene Kuchen backen. Wenn du den Dreh raus hast, wird dir immer ein perfekter Kuchen gelingen. Handmixer oder Küchenmaschine sind hilfreich, andernfalls könnte dein Arm vom vielen Rühren abfallen.

Achtung, heiß!

Backpapier oder 1 EL Öl zum Ausfetten der Formen

200 g weiche Butter

200 g feiner Zucker

4 zimmerwarme Eier (Größe M)

200 g Mehl, mit 4 TL Backpulver vermischt

2 EL Milch

+ Füllung + Topping (siehe S. 142–143) ODER einfach 5 EL leckere Konfitüre

---

1 Den Backofen auf 180 °C vorheizen.

2 Den Boden der Backform mit Backpapier auslegen und den Rand ausfetten.

3 Gib die Butter in eine Schüssel und schlage sie in ein paar Minuten mit dem Mixer schaumig. Nun den Zucker einrieseln lassen und alles noch 1–2 Minuten weiterrühren.

4 Die Eier in ein Schälchen aufschlagen und dann mit der Mehl-Backpulver-Mischung und der Milch in die Schüssel geben. Verrühre alles zu einem glatten Teig.

5 Den Teig mit einem Löffel gleichmäßig auf die Springformen verteilen und die Oberflächen mit einem Spatel glatt streichen.

6 Backe die Kuchen auf der mittleren Schiene im heißen Ofen 25–30 Minuten. Während der ersten 20 Minuten darf der Ofen nicht geöffnet werden!

7 Die Kuchen sind fertig, wenn sie sich elastisch anfühlen und sich vom Formrand gelöst haben (ein kleiner Zwischenraum zwischen Kuchen und Rand ist ein Zeichen dafür). Bei der Stäbchenprobe sollte kein Teig mehr am Spieß haften bleiben.

8 Lass die Kuchen 5 Minuten in den Formen abkühlen und stürze sie dann vorsichtig auf ein Kuchengitter. Die Formen sind noch sehr heiß, lass dir daher am besten helfen.

9 Nun noch Backpapier abziehen und die Kuchen auskühlen lassen.

10 Setze sie mit einer Füllung dazwischen aufeinander und verziere sie, wie du magst. Jetzt darfst du damit angeben!

Wenn du die Ofentür öffnest, gelangt kalte Luft in den Ofen – die Kuchen können dadurch zusammenfallen.

Blättere um, dann findest du tolle Vorschläge.

Doppelter Schokokuchen

- 3 EL Kakaopulver
- 3 EL kochendes Wasser
- 200 g weiche Butter
- 200 g feiner Zucker
- 4 Eier (Größe M)
- 200 g Mehl mit 4 TL Backpulver vermischt
- 2 EL Milch
- 100 g Schokoladenchips oder -tropfen (Zartbitter oder Milchschokolade)

Bereite den Kuchen nach dem Rezept „DER Kuchen" zu (schlage eine Seite zurück). Baue aber noch diese beiden Schritte ein:

 Bei Schritt 3 das Kakaopulver in einen Becher geben und mit 3 EL kochendem Wasser zu einer dicken Paste verrühren. Abkühlen lassen. Inzwischen die Butter mit dem Zucker schaumig schlagen.

 Gib die Kakaopaste mit den Eiern und der Mehl-Backpulver-Mischung in Schritt 4 zu dem Teig. Die Schokoladenchips unterrühren, bevor du den Teig in die Formen füllst.

Zitronen- oder Orangenkuchen

- 1 Bio-Orange oder -Zitrone ✳
- 200 g weiche Butter
- 200 g feiner Zucker
- 4 Eier (Größe M)
- 200 g Mehl mit 4 TL Backpulver vermischt
- 2 EL Milch

Bereite den Kuchen nach dem Rezept „DER Kuchen" zu (schlage eine Seite zurück). Baue noch diesen Schritt ein:

 Reibe die Schale der Orange oder Zitrone ab und gib sie zu Beginn von Schritt 3 mit der Butter in die Schüssel.

Das war's schon!

> Setze den Kuchen mit 5 EL Orangenmarmelade oder Lemoncurd zusammen — schmeckt spitzenmäßig.

✳ Es ist wichtig, dass die Schale nicht mit Pestiziden behandelt ist. Das ist weder gut für dich noch den Kuchen.

Kuchen-Basics –
eine Erinnerung

* Den Backofen auf 180 °C vorheizen.

* 2 Springformen (je 20 cm Ø) vor-bereiten.

* Weiche Butter und Zucker miteinan-der schaumig schlagen.

* Die anderen Zutaten unterrühren.

* Den Teig auf die Formen aufteilen und 25 Minuten backen.

Superlecker mit Orangenmarmelade, Himbeerkonfitüre oder Schokocreme gefüllt, siehe nächste Seite.

DER KUCHEN
Füllungen

Verteile die Füllung mit einem Spatel oder einem Teigschaber auf einer Kuchenhälfte.

MARMELADIG

4 EL Marmelade, Fruchtgelee oder Lemoncurd sind eine simple, aber sehr leckere Füllung.

FRUCHTIG

Ein Schälchen Himbeeren, Heidelbeeren oder Erdbeeren und 1 EL Zucker sind perfekt mit einer der beiden Cremes.

CREMIG

250 g Schlagsahne extra (36 % Fett) steif schlagen. Dann 1 EL feinen Zucker unterrühren.

ODER

Verrühre 150 g Mascarpone mit 150 g Frischkäse oder Quark, 1 EL feinem Zucker und ½ TL gemahlener Vanille.

SCHOKOLADIG

150 g Schlagsahne extra (36 % Fett)

Es ist wichtig, dass die Sahne einen hohen Fettgehalt hat, damit sie beim Erwärmen nicht ausflockt.

150 g Zartbitterschokolade (60 % Kakaoanteil) oder Milchschokolade

Schokolade in Stücke brechen und mit der Sahne in einen kleinen Topf geben.

Bei schwacher Hitze und bei ständigem Rühren mit einem Kochlöffel erwärmen, bis die Schokolade geschmolzen ist. Die Sahne darf nicht kochen.

Nimm den Topf vom Herd und rühre die Mischung weiter, bis sie dick wird und glänzt.

15–30 Minuten abkühlen lassen, und dann verstreichen und kühl stellen.

Rühre nicht zu lange, damit die Creme nicht ausflockt.

9

DER KUCHEN
Toppings

Zum Bestreichen oder Bestreuen des Kuchens.

SCHOKOLADIG

Wenn du eine Schokoladenfüllung UND ein Topping machen möchtest, befolge das Rezept links. Nimm dafür jedoch 250 g Schlagsahne und 250 g Schokolade.

ZUCKRIG

Klassisch: Den Kuchen einfach mit Puderzucker bestreuen.

CREMIG

Nimm das zweite Creme-Rezept auf der linken Seite.

Verdoppele die Zutaten, damit die Creme für Füllung und Topping reicht.

ZUCKERGUSS

250 g Puderzucker

2 EL HEISSE Flüssigkeit
Ja, das ist sehr wenig, aber du wirst sehen, es reicht. Nimm Wasser, Milch, Zitronen-, Orangen- oder Himbeersaft, Kaffee (1 EL Instant-Kaffee auf 2 EL kochendes Wasser) oder Kakao (1 EL Kakaopulver auf 2 EL kochendes Wasser).

Verrühre den Puderzucker mit der gewählten Flüssigkeit mit einer Gabel zu einer glatten dicken Masse.

Ein paar Tropfen Lebensmittelfarbe geben deiner Glasur noch den Kick.

Mit einem angewärmten Spatel lässt sich die Glasur leichter verstreichen.

Nimm natürliche Farben — die findest du heutzutage eigentlich in fast allen Supermärkten.

10

143

Desserts

für den süßen Abschluss

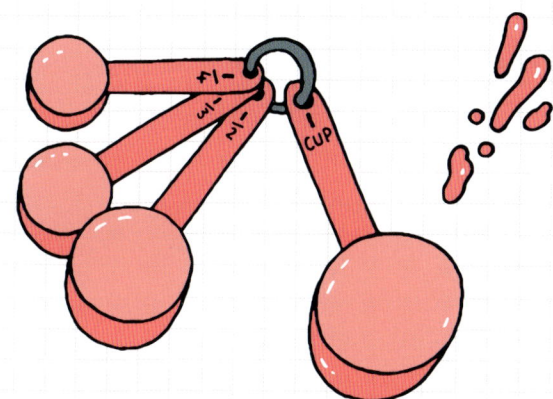

Exotische Fruchtspieße

ERGIBT 4 STÜCK

Es sei denn du möchtest ein Freudenfeuer entfachen.

Weiche die Holzspieße zunächst in Wasser ein.

Zutaten:

1 kleine Ananas

1 reife Mango

1 Limette + 1 Limette zum Servieren

2 Bananen

1 Passionsfrucht

2 EL hellbrauner Zucker

4 große oder 8 kleine Spieße, in Wasser eingeweicht

1 Beim Schneiden der Ananas brauchst du vielleicht etwas Hilfe.

2 Schneide nun die Mango auf – dafür gibt es einen Trick!

3 Limettenschale abreiben und Saft auspressen.

4 Schäle die Bananen und schneide sie in 5 cm dicke Scheiben. Mit der Limettenschale und dem -saft vermischen.

5 Die Fruchtstücke abwechselnd auf die eingeweichten Holzspieße stecken.

6 Die Passionsfrucht halbieren und die zweite Limette vierteln.

7 Eine ofenfeste Schale mit Alufolie auslegen und die Spieße daraufgeben.

8 Heize den Backofengrill 10 Minuten auf.

9 Bestreue die Spieße mit Zucker und lass sie 5–10 Minuten unter dem heißen Grill karamellisieren (nicht backen).

10 Sofort mit etwas Passionsfruchtmark und einem Stück Limette servieren.

Eine Mango vorbereiten

Von Natur aus liegt eine Mango wegen des länglichen Kerns flach. Drehe sie daher zuerst auf eine Seite.

Schneide mit einem scharfen Messer von jeder Seite des flachen Kerns eine Mangohälfte ab.

Nun das Fruchtfleisch auf der Schnittfläche gitterartig einschneiden, ohne dabei die Schale zu verletzen. Für die Fruchtspieße sollten die Quadrate ungefähr 3 cm groß sein.

Drücke die Schale von außen nach innen und schneide dann die Würfel vorsichtig ab.

1

2

5

Eine Ananas vorbereiten

Zuerst musst du den Schopf (das sind die Blätter) und den Boden der Ananas abschneiden.

Die Frucht aufrecht hinstellen und die Schale von oben nach unten abschneiden. Dabei so wenig Fruchtfleisch wie möglich entfernen. Ein paar kleine Augen bleiben sicher noch daran. Diese mit einem Messer diagonal rausschneiden.

Nun die Ananas halbieren, vierteln und den harten Strunk entfernen. Fruchtfleisch in Würfel (etwa 5 cm groß) oder in lange Streifen schneiden.

10

Obstsalat

Obst schmeckt nicht nur lecker, es hält dich auch gesund, bei guter Laune und stärkt dein Immunsystem.

Smoothies und Säfte sind zwar voller Vitamine und Mineralstoffe, trotzdem ist es besser, Obst zu essen als zu trinken. Denn die Ballaststoffe halten dein Verdauungssystem auf Trab. Sie beschäftigen es länger, sodass du dich länger satt und fit fühlst. Ballaststoffe helfen auch dabei, das Essen durch deinen Körper zu transportieren und sorgen für eine gute Verdauung.

Wenn wir über Lebensmittel sprechen, verbinden wir mit Obst süßen und mit Gemüse salzigen Geschmack, aber wissenschaftlich betrachtet ist das falsch ...

Was gehört hier nicht zum Obst?

Tomate Pflaume Rhabarber Olive Kürbis

Rhabarber: Das ist das einzige Gemüse! Alle anderen gehören, botanisch betrachtet, zum Obst. Botaniker bezeichnen als Obst nämlich den Teil der Pflanze, der die Samen enthält. Das heißt: Gurken, Auberginen, Paprika und Stangenbohnen sind eigentlich Obst. Kennst du noch andere?

CHALLENGE

Versuche einmal, eine Woche lang jeden Tag Obst oder Gemüse aus jeder Farbgruppe zu essen – daran kann man sich gut gewöhnen!

SCHON GEWUSST?
Die Durianfrucht ist nicht nur die größte Frucht, sondern auch die mit dem übelsten Geruch. In einigen südostasiatischen Ländern kannst du Zeichen wie dieses an Bussen und Bahnen sehen.

Grüne sind die Superheroes, wenn es darum geht, Krankheiten zu bekämpfen.

Gelbe und orangefarbene sind wunderbar für das Verdauungssystem, für eine gesunde Haut und die Augen.

„Den Regenbogen zu essen"
ist prima, weil man automatisch die Nährstoffe aus den unterschiedlichsten Gemüse- und Obstsorten zu sich nimmt.
Jede Farbgruppe enthält spezielle Nährstoffe, die dein Körper braucht. Daher ist es wichtig, Obst und Gemüse in möglichst unterschiedlichen Farben zu essen.

Violette und blaue Früchte sind besonders gut für Gehirn und Blutgefäße.

Rote sind besonders gut für ein gesundes Herz und starke Gelenke.

Schokosauce

8 PORTIONEN

Ein Kochbuch ohne Schokoladensauce geht gar nicht! Und eine gesunde Version davon gibt es nicht, das muss man wissen. Macht nichts: Schmeckt einfach zu gut.

150 g Zartbitterschokolade

2 EL Ahornsirup

300 g Schlagsahne extra (36 % Fett)

1 Brich die Schokolade in kleine Stücke und gib sie mit dem Sirup und der Sahne in einen Topf.

2 Erwärme alles bei schwacher Hitze und rühre dabei mit einem Kochlöffel um, bis die Schokolade geschmolzen ist.

3 Serviere die Sauce warm. Du kannst sie auch vorab zubereiten und vor dem Servieren noch einmal aufwärmen.

Warum nicht einfach mal kleine Salzbrezeln hineintauchen?

4 Gieße sie über Vanilleeis oder Pfannkuchen. Oder serviere sie in vorgewärmten Schüsseln und tauche wie bei einem Schokoladenfondue Erdbeeren, Bananenstückchen und anderes Obst hinein.

Die Temperatur darf nicht höher als 45 °C sein, sonst gerinnt die Schokolade (sie trennt sich) und es entstehen Klümpchen.

Bananeneis

Wundervoll – hier braucht niemand zu kochen und die gefrorenen Bananen sind sehr cremig!

1 kleine reife Banane pro Person

Saft von 1 Zitrone (das reicht für etwa 6 Bananen)

Schokoladensauce (siehe oben; nach Belieben)

Eisstiele aus Holz

1 Schäle die Bananen und schneide die Enden ab.

2 In die Mitte jeder Banane einen Eisstiel stecken. Bananen mit Zitronensaft bepinseln, damit sie nicht braun werden, in einen Gefrierbeutel legen und einfrieren.

3 Lass sie mindestens 5 Stunden gefrieren.

4 Probiere sie mit Schokoladensauce. Einfach reindippen.

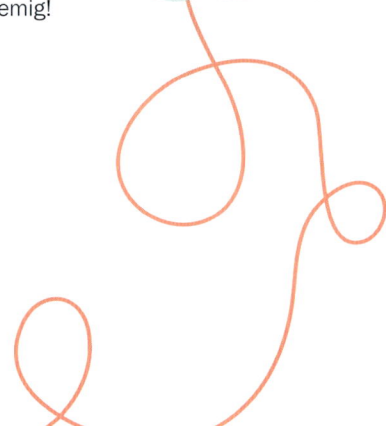

HIMMLISCH!

Holunder-Wackelpudding

4 PORTIONEN

Wenn du glaubst, Wackelpudding ist nur etwas für kleine Kinder, irrst du dich. Dieses durchsichtige Holunderblüten-Gelee ist wie ein Vergrößerungsglas, durch das die Früchte riesig wirken.

4 Blatt Gelatine

150 ml Holunderblütensirup

350 ml Wasser

200 g Beeren (z. B. Heidelbeeren, Himbeeren oder Erdbeeren), gewaschen

1 Weiche die Gelatineblätter in ausreichend kaltem Wasser ein.

2 Mische inzwischen den Sirup und das Wasser in einem großen Krug. Es sollte süßer sein, als du es normalerweise trinkst, weil du es gekühlt servierst.

3 Etwa ein Viertel des Holunderblütenwassers in einem großen Topf erhitzen. Es soll nicht kochen, nur heiß werden. Nimm den Topf vom Herd.

4 Drücke die Gelatineblätter mit den Händen aus und gib sie in das heiße Holunderblütenwasser. Rühre nun mit einem Kochlöffel, bis sich die Gelatine vollständig aufgelöst hat.

5 Die restliche Flüssigkeit aus dem Krug dazugießen und umrühren. Zurück in den Krug gießen.

6 Die Masse zum Stürzen in Förmchen oder einfach in Gläser füllen. Fülle sie nur zur Hälfte mit der Holundermischung.

7 Falls nötig, die Beeren klein schneiden und die Hälfte davon in die Förmchen bzw. Gläser geben. Sie sinken nach unten. Die Gefäße in den Kühlschrank stellen, damit das Gelee fest wird. Die restliche Flüssigkeit im Krug stehen lassen.

8 Wenn nach ungefähr 1 Stunde das Gelee in den Förmchen fest ist, gieße die restliche Holundermischung darauf und gib noch ein paar Beeren dazu.

9 Ein paar Stunden kühl stellen, bis die Gelees fest sind.

Metall-förmchen sind ideal, weil sie schnell warm werden.

Kaltes betäubt die Geschmacksknospen.

MAGISCH!

Die Gelees herauslösen

Die Förmchen mit den Gelees einzeln in eine Schüssel mit heißem Wasser tauchen – pass auf, dass kein Wasser in die Gelees gerät. Nun die Förmchen kopfüber auf Teller stürzen, schiebe sie dabei hin und her, bis die Gelees herausflutschen. Falls es nicht klappt, Förmchen noch mal in warmes Wasser tauchen.

Fette die Förmchen vorher mit Öl ein, dann klappt es besser.

Crumble mit Obst

Ein Crumble ist einfach ein tolles Dessert. Du kannst nämlich fast jedes saisonale Obst dafür nehmen, ganz nach Geschmack.

Du brauchst eine ofenfeste Form, die etwa 25 x 25 cm groß und 5 cm hoch ist.

Die knusprigen Streusel

150 g kalte Butter

200 g Vollkornmehl

1 Prise Salz

100 g feiner Zucker, weiß oder braun oder gemischt

1 Den Backofen auf 200 °C vorheizen.

2 Schneide die kalte Butter in kleine Stücke und gib sie mit dem Mehl und Salz in eine große Rührschüssel.

3 Verknete alles zügig mit den Händen und reibe dabei die Butterstücke zwischen den Fingerspitzen in das Mehl.

4 Sobald die Mischung krümelig ist und keine größeren Butterklümpchen mehr drin sind, kannst du mit einem Löffel den Zucker unterrühren.

5 Stelle die Mischung in den Kühlschrank, während du die Füllung zubereitest.

Die Obstfüllung

Die Obstsorte hängt von der Jahreszeit und von deinem Geschmack ab. Hier sind ein paar Vorschläge.

Das Prinzip ist immer gleich: Du brauchst 900 g vorbereitetes Obst; du kannst Pflaumen, Birnen, Nektarinen oder Himbeeren ausprobieren und mit beliebigen Kombinationen experimentieren.

Rhabarber-Crumble

900 g Rhabarber

3 EL gemahlene Mandeln

3 EL Zucker

1. Enden und Blätter vom Rhabarber abschneiden, die Fäden abziehen und die Stangen in fingerlange (kleiner Finger!) Stücke schneiden.

2. Streue die gemahlenen Mandeln in die ofenfeste Form.

3. Den Rhabarber darauf verteilen und mit Zucker bestreuen.

4. Streusel darübergeben und den Crumble 30 Minuten backen, bis er goldbraun ist.

Apfel-Crumble

900 g Äpfel (egal welche Sorte)

1 EL Zucker

1 Prise gemahlener Zimt

1. Die Äpfel schälen, entkernen und in Stücke oder Scheiben schneiden.

2. Lege sie in die ofenfeste Form und bestreue sie mit Zucker und Zimt. Alles mit den Händen vermischen.

3. Verteile die Streusel darüber und backe den Crumble 30 Minuten, bis die Streusel goldbraun sind.

Erdbeer-Rhabarber-Crumble

Befolge das Rezept oben und ersetze einfach 300 g Rhabarber durch 300 g Erdbeeren.

1. Entstiele die Erdbeeren und halbiere oder viertele sie.

Entferne die grünen Kelchblätter.

2. Die Erdbeerstückchen mit dem Rhabarber in die Form geben.

Apfel-Brombeer-Crumble

Ein guter Anlass, sammeln zu gehen.

Befolge das Rezept oben und ersetze einfach 200 g Äpfel durch 200 g gewaschene Brombeeren.

Schmeckt mit Vanilleeis, Sahne oder Vanillesauce.

Register

WIDMUNG

Für Imi, eine großartige Köchin und meine liebe Tochter!

DANKSAGUNG

Großer Dank:

An alle Kinder, die mich zu diesem Buch inspiriert haben und die es ermöglicht haben, vor allem meine wunderbare Imi. Du hast tolle Arbeit geleistet, indem du alle möglichen Rezepte so gekocht hast, wie du sie dir vorstelltest und mir dabei viele Hinweise geliefert hast. Du hast für deine lieben Schulfreunde, die bei unserem „Monday Night Cooking Club" mitgemacht haben, großartige Abendmahlzeiten kreiert und auf diese Weise dazu beigetragen, dass die Rezepte für dieses Buch niedergeschrieben werden konnten. Vielen Dank auch an alle Schüler der Hotwells Primary School, für eure Neugier und Kreativität, die so viele Ideen während unserer Koch-Sessions ausgelöst haben.

Herzlichen Dank an das tolle Team von Pavilion, vor allem an meine Redakteurin Emily Preece-Morrison. Ich habe sehr gerne mit Ihnen gearbeitet. Sie haben mich immer verstanden, mir geholfen, meinen Weg unterstützt und mir bei der schwierigsten Sache geholfen, nämlich alle Ideen in dieses Buch zu bringen und Überflüssiges wegzulassen. Sie sind sagenhaft! Vielen Dank an Kathy Steer für das Lektorat und an Laura Russell und Clare Clewley für das wundervolle Design und Layout. Dadurch werden die Rezepte erst lebendig.

Vielen Dank an alle, die an den Fotos beteiligt waren. Dadurch bekommen die Rezepte ein ansprechendes und informatives Aussehen, was ich immer erhofft hatte. Wei Tang, Sie haben einen besonderen Zauber in das Styling gebracht, es hat großen Spaß gemacht, mit Ihnen zu arbeiten. Valerie Berry, Sie haben nicht nur appetitliches Essen produziert, sondern auch toll mit den jungen Schätzchen gearbeitet, sie vor allem auch zum Nachdenken gebracht, wenn es nötig war. Alex James Gray, Ihre Organisation und Aufmerksamkeit für jedes Detail ist unvergleichlich. Deirdre Rooney und Rob Wicks, Sie haben die Ausstrahlung der Kids mit Ihren schönen Fotos eingefangen. Vielen Dank an alle geduldigen, talentierten und fotogenen jungen Köche, an Imogen Bassett, Alpha Djenguet, Jonas und Piers Clarek, Sam und Maddie Fisher, Annabelle Frainer-Law, Ethan Goodman-Ancell, Joe und Charlie Ives, Matthew JErvis, Rhys Morrison, Theo Nearney, Saskia Portman, Dylan und Jake Turner.

Herzlichen Dank an Damien Weighill, Ihre tollen Zeichnungen geben dem Buch so viel Energie, Sie haben den Nagel auf den Kopf getroffen.

Schließlich danke ich meinem Mann Peter, meiner ganzen Familie und meinen Freunden, die mir in den vielen letzten Monaten immer so geduldig zugehört haben, wenn ich von nichts Anderem als meinem Buch erzählt habe. Nun sind wir am Ziel.

Impressum

Für die deutsche Ausgabe:

Übersetzung: Katrin Korch, Baden-Baden, www.literatur-und-mehr.de
Satz: Arnold & Domnick, Leipzig
Covergestaltung: Konstanze Laue
Lektorat: Cornelia Klaeger, München; Angela Vornefeld
Produktmanagement: Mirjam Schilling
Printed in China

Die englische Originalausgabe erschien erstmals 2016 unter dem Titel *Cool Kids Cook – delicious recipes and fabulous facts to turn you into a kitchen whizz* bei Pavilion Books Company Ltd.

Text © Jenny Chandler, 2016
Gestaltung und Layout © Pavilion Books Company Ltd, 2016
Photography and illustrations © Pavilion Books Company Ltd, 2016

Published by arrangement with Workman Publishing Company, New York.

Unser Service für Sie: Wenn Sie Fragen zu den Rezepten in diesem Buch haben, schreiben Sie einfach eine E-Mail an: mail@kreativ-service.info. Wir helfen Ihnen gerne weiter.

1. Auflage 2016
© 2016 frechverlag GmbH, Turbinenstraße 7, 70499 Stuttgart
ISBN 978-3-7724-7728-7
Best-Nr. 7728